摩訶毗盧遮那佛

金剛界曼荼羅

胎藏界曼荼羅

日本佛教真言宗高野山派金剛峰寺中院流第五十四世傳法大阿闍梨
中國佛教真言宗五智山光明王寺光明流第一代傳燈大阿闍梨

悟光上師法相

梵字・悉曇

【應用篇】

玄蒔

「智理文化」系列宗旨

「智理」明言

中華智慧對現代的人類精神生活，漸漸已失去影響力。現代人，大多是信仰科學而成為無視中華智慧者，所以才沒有辦法正視中華智慧的本質，這也正正是現代人空虛、不安，以及心智貧乏的根源。

有見及此，我們希望透過建立「智理文化」系列，從而在「讓中華智慧恢復、積極改造人性」這使命的最基礎部分作出貢獻：「智理文化」系列必會以正智、真理的立場，深入中華智慧的各個領域，為現代人提供不可不讀的好書、中華智慧典範的著作。

這樣才有辦法推動人類的進步。我們所出版的書籍，必定都是嚴謹、粹實、繼承中華智慧的作品；絕不是一時嘩眾取寵的流行性作品。

何以名為「智理文化」？

佛家說：「無漏之正『智』，能契合於所緣之真『理』，謂之證。」這正正道出中華智慧是一種「提升人類之心智以契合於真理」的實證活動。唯有實證了「以心智契合於真理」，方能顯示人的生活實能超越一己的封限而具有無限擴展延伸的意義。這種能指向無限的特質，便是中華智慧真正的價值所在。

至於「文化」二字，乃是「人文化成」一語的縮寫。《周易•賁卦•彖傳》說：「剛柔交錯，天文也；文明以止，人文也。觀乎天文，以察時變，觀乎人『文』，以『化』成天下。」可見人之為人，其要旨皆在「文」、「化」二字。

《易傳》說：「文不當故，吉凶生焉！」天下國家，以文成其治。所以，「智理文化」絕對不出版與「智」、「理」、「文」、「化」無關痛癢的書籍，更不出版有害於人類，悖乎「心智契合於真理」本旨的書籍。

由於我們出版經驗之不足，唯有希望在實踐中，能夠不斷地累積行動智慧。更加希望社會各界的朋友，能夠給我們支持，多提寶貴意見。最重要的是，我們衷心期待與各界朋友能夠有不同形式的合作與互動。

「智理文化」編委會

張少強（玄蒔阿闍梨）

自幼對生命之義意、宇宙之法則，對於人生之道理等疑問甚感興趣。在中學時期，已閱讀關於西方哲學如存在主義和中國哲學如儒家和道家思想等書籍，對人生之探索更充滿熱誠。

在公元二千年起便接觸佛法，先跟覺慧居士（即現在玄覺大阿闍梨）修習禪法，並學得六祖壇經和金剛經等佛教經典的要旨，深受體會。認為禪宗之法門直指人心，以處理心的狀態來使人開悟智慧，直示我人即佛性之真諦，見性即成佛。其見地之精純，確立了佛法修行之堅固基礎。

後在悟光金剛上師所創立之中國佛教真言宗光明流修習秘密佛乘，經十數載，從未間斷。其間得中國佛教真言宗光明王寺傳法大阿闍梨釋徹鴻和尚悉心指導，以真言密教之三摩地法，去修行和體驗即身成佛之境地，成為中國佛教真言宗光明王寺香港分院之阿闍梨，並立誓弘揚真言密教之全一之真精神。

對於修禪之見性成佛，以及真言密法之事相和教相的旨趣，經多年修行和探討後，體驗到真言之誦讀和禪密修持的真實意義，及其對人生之影響。

在生活上，於中學時代開始，已作為義工幫助有需要人仕如獨居長者和露宿者等，在大學時期，亦曾為大學社會服務團之主席，舉辦各類利益社會之活動。並分別於2003年和2014年獲得電子商務碩士和工商管理碩士學位。現工作主要專責智能家居和智慧城市產品的發展和提供相關連的應用方案，而在公餘時亦於HKUSPACE教授種子字研習課程，和在中華智慧管理學會教授聲明課程，發揚自利利他的佛教精神。現為光明王密教學會之副主席兼教授師，秉承祖師以發揚真言密教的願力，舉辦各類教學活動，造福社群，達至弘揚真言密教精神之目的，望能將佛之大愛和光明照遍更多有緣人。

代序

代序：密教修行之方法：「曼荼羅」

曼荼羅者，密教之佛陀境界，佛世界之圖繪也。佛界全體為「大曼荼羅」，個別則為「別尊曼荼羅」。以理之體論「生其物」之大日如來，為「胎藏界曼荼羅」；以內面「智之作用」論一切如來一切智智，為「金剛界曼荼羅」。「法曼荼羅」，乃於諸曼荼羅中尊像皆書梵字（種字），此類種字曼荼羅，出自《大日經》、《金剛頂經》，各梵字皆代表某尊佛、菩薩、天神及其所象徵之原動力乃至心魂。

弘法大師《般若心經祕鍵》之「四句偈」云：「真言不思議，觀誦除無明。一字含千理，即身證法如。」所謂「一字含千理」者，真言梵字精要，是外界難求，其心得及秘要，均為密法肝心，非密法高手，無法得知。今此書，將曼荼羅中諸尊梵字及其基本應用規則，列述無遺，故定能成為一家之說。

光明王密教學會「權大精都 玄蒔阿闍梨」，自「癸未」年以來，潛心佛道，反古而求之，察先聖之意，知有真如，同聲相呼，實理同歸，故能效先聖於佛教「顯密、遮照」百工之不同悉皆不疑，然後或開而示之，或闔而閉之，以立身御世，施教揚聲。

玄蒔阿闍梨，於秘密佛教真言宗「事相」、「聲明學」，以及「梵字」之道，學識淵博，大不可量，深不可測，通達智理，知拙與巧。玄蒔阿闍梨為人，具遠大抱負，是故當仁不讓，以誠示以《梵字．悉曇 應用篇》之善義，以作廣傳，使人能生「時時即身自證法如，念念不離如理思惟」之心，實乃本性悲懷，普賢大願行也！

光明王密教學會會長

張惠能博士居士

書於 香港大學

辛丑年 仲夏 諸佛歡喜之日

目錄

簡介

簡介

梵字悉曇簡介

- 梵字悉曇者，乃印度之文書也。五天竺國皆用此字。大毘盧遮那經云：「此是文字者，自然道理之所作也。」即如實而說之，以利益眾生。
- 弘法大師字母悉曇云：「梵云悉曇囉窣覩，即成就吉祥章義也。」此悉曇章題代表歸命一切智句，有尊重道法的意思，又有歸依一切智之利益也。
- 經云：「真言深祕旨在梵字悉曇。」然而梵字真言，字字義深，隨音改義，賒切易謬。

- 故金剛智三藏，初試不空三藏教悉曇章。
- 又不空三藏告惠果曰：「有祕藏器，汝必當興我法。」即口授大佛頂大隨求梵本，其後授梵本真言二十餘年，晝夜精勤。
- 又惠果阿闍黎授弘法大師漢字梵字無有差別，悉受於心。梵漢相立，全令受學。若單學漢字不習梵本，猶擁兒女讀假名經。若不知漢字，雖傳梵本悉曇，不得梵漢合存，乃比授傳受而已。
- 然則此梵字者，亙三世而常恒，遍十方以不改。學之書之定得常住之佛智，誦之觀之必證不壞之法身。
- 若隨字相而用之，則世間之文字也。若解實義，則出世間陀羅尼文字也。

何謂真言陀羅尼？

真言陀羅尼者：

• 總釋陀羅尼義讚云：「真者真如相應。言者真詮義。陀羅尼者梵語。」

• 弘法大師所著之聲字實相義云：「真言表何物？能呼諸法之實相於不謬不妄也」因此，能象徵此全一的如實境地，而特殊選了言語文字，依此所暗示之無限性，把握得感味著全的境地而考案者，即所謂真言。

• 真言或陀羅尼之成立，其為表現神秘一如而以具體的去把握得表現真之言語而言，即曰真言，其能照破迷暗的點而言，即云明或明咒，又誦此等之真言、明咒，依此心能統一而總持的點而言，即云總持或云陀羅尼，所以

- 用什麼稱呼都無所謂。
- 用來反覆念誦，即依之得到其與神秘一如融合，自然生於事理不二，物心一如之絕對。

聲字實相的意思

- 所謂聲字實相者，即是法佛平等之三密衆生本有之曼荼羅也。
- 如來說法必藉文字，文字所在六塵為體，六塵之本即是佛法三密也。能悟者即曰大覺，迷者名衆生，如來加持顯示其歸趣，歸趣之本非以名來教而不立，然名教之興起非聲字不成，聲字分明而實相顯也。
- 假使真言陀羅尼具有意義亦不去解釋，只令反覆口誦，其結果完全與淨土教之稱名念佛境地相同。因此，一般顯教中，於真言為五不翻之一。

• 但是於真言密教之立場，念誦真言陀羅尼不單是浸入其神秘感為目的，必依此來發現生命體之法身佛是全一之物。同時顯現於各個個體之上，不斷地生成各個個體。無論那個都活現剎那於永遠之境地，真言密教念誦是為此思念觀想之目的來設的。

基本概念之闡述

基本概念之闡述

如來

如來者：

- 義釋云：「𑖝𑖞是如義，𑖐𑖝是來義，知解義，說義，玄義。」
- 又云：「如諸佛乘，如實道來成正覺。」
- 「新編正法眼藏」云：「正者不偏不依，是當下當相之直覺狀態，直覺下之事物若經過心之分別思考，然後加以分別認知，即落入第二義之中，亦就是凡夫之一切認識。依宗家而言這第二義是不足取的眾生境界。」

大日如來

大日如來者：

- 義云：「真如界即大日如來證得一切諸法故，以一切諸法合為一身。」
- 又云：「若開一法分為諸尊，則有胎藏四重海會。法界諸尊皆有三密，無有一法出此外者。」
- 其一佛者名曰：「摩訶毗盧遮那。」
- 義決翻云：「大日或最高顯廣眼相如來，亦云一切諸佛母，亦云一切諸佛眼，亦云一切清淨廣博藏如來。」

一如

一如者：

- 義五云：「使同一相不出於如。」
- 云何佛界，如與魔界，如戰，故佛坐道場時，但了知諸法如無對，而世間談議自立戰勝名号。
- 又云：「如請諸法實相，種種不如實見戲論皆滅。常如本性不可破壞。」
- 進一步來說，即是體驗的心，萬物與我自他一如體驗之心，以身心去體驗宇宙萬物一一平等之心也。

灌頂

灌頂者：

- 灌者諸佛大悲，頂者上之義。
- 秘藏記云：「從因至果一切功德莫不灌頂，由此見之証真灌頂最為極故表灌頂施。」
- 義十一云：「灌頂有三種：一者但以印法作之，離諸作業。二者以作事業而灌頂者，即是師及弟子皆先作業也。三者但以心作灌頂，如是灌頂不擇時不擇方。」
- 菩薩初地乃至等覺，究竟遷妙覺時，諸佛以大悲水灌頂。
- 世人皆以幡號灌頂，是以幡功德先為輪王，後修成佛，以到佛果，名為灌頂。是故知以果名因也。

• 是故灌頂有三種：

1. 摩頂灌頂－即諸佛摩頂授記
2. 授記灌頂－諸佛以言說授記
3. 放光灌頂－諸佛放光令行者得益

三身

• 楞伽經云：「無相無形等是法身說之相，悲智薰習是報身說法之相，應世發言等是應身說法之相。」

• 天台云：「境妙究竟，顯名毘盧遮那，智妙究竟，顯名盧遮那，行妙究竟，顯名釋迦牟尼。」

• 最勝王經云：「一切如來有三種身，一者化身，二者應身，三者法身。如是三身具足，接受阿耨多羅三藐三菩提。」

• 大日義釋云：「題名言毘盧遮那者，法身也。成佛者，報身也。神變加持者，應身也。」

念珠

• 又稱為數珠，乃記數念誦真言次數之用。

• 二母珠，表大日如來，無量壽佛。又表法義。

• 緒，表觀音。是無量壽佛說法之德義也。亦表真言行者所觀之法，應觀至自在無礙義。

• 有一千八十顆，百八顆，五十四顆，四十二顆，二十七顆，二十一顆，十八顆之念珠，其中百八為最勝。

●百八珠為位地耳。其珠片方五十四位，一返上，是流義，即求上之義，一返下是攝下之義，則利他也。殘片方是不流之義，其珠段段丸者斷證之義。片方五十四配五十四位耳。百零八顆亦表百八煩惱，又配以金剛界百八尊。

●母珠處有十顆小珠，稱為記子。亦稱十波羅蜜。又垂別十珠，即十弟子也。亦表到彼岸，即是度義。

●母珠與十波羅蜜間有一小珠，稱為「補處弟子」，亦表一法義。

●記子之末有二珠，稱為福智二嚴。附母珠者為本有之德，附尾珠者為修生之德。

• 念珠左右各有二顆小間珠，稱為「四眷屬」。

• 其母珠乃佛地義，故念誦時不越之也。

• 又云：「佛部念誦菩提子，金剛部法金剛子，寶部念誦以諸寶，蓮花部珠用蓮子，羯磨部中為念珠，衆珠間雜應貫串。手持臂上除衆罪，能令行人速清淨，若修真言陀羅尼，念諸如來菩薩名，當獲無量勝功德，所求勝願皆成就。」

三句法門

• 義一云：「菩提心為因，大悲為根，方便為究竟。猶如世間種子，藉四大眾緣故得生根，如是次弟，乃至果實成就為究竟。」

• 祕藏記云：「是真言行者用心也。」

• 這菩提心就是佛心，是體驗之心，不是概念或思慮心，是自己沒入於法界、自他不二之心。

• 由此同體之大悲而生一切、伸一切，通過各各個個之細胞而去充實，擴大「生」其物之內容，才能生出莊嚴的活動。此表於圖像者為胎藏曼荼羅，亦謂大悲胎藏曼荼羅或云大悲胎藏生曼荼羅。

• 因為般若能生佛，有方便才能生，方便為究竟，若無方便即無法救度眾生，所以方便是應付外面的。

發菩提心

- 經云：「菩提即是所期之果，心即能行能趣。」
- 弘法大師云：「菩提心者，此有二種。一者能求菩提心，二者所求菩提心也。」
- 演密抄云：「真正發心者，離妄稱真，遠邪為正。」
- 具緣釋云：「發菩提心者，生決定誓願，一向志求一切智智，必當普度法界眾生。」
- 義釋住心品云：「真言行者，於初發心時，直觀自心實相。了知本不生故。」又云：「住此乘者，初發心時即成正覺，不動生死，而至涅槃。」

• 所謂發菩提心，就是發修證之心，即證道當時的心。這心未發之前是思慮心，不名菩提心，菩提心還是假名，只是證道之境界而已。若沒有初發心去修行亦無法體認這菩提心，只有發非證不可的心，不斷地去修習體驗，必定能發起此真正菩提心。

真言密教護摩

• 大日經疏第十五卷：「者燒義也。」

• 以供物投入火中燒焚以此作供養，不但燒物還有燒食之意。

- 大日經疏第二十卷餘八說：「護摩義者，謂以慧火燒煩惱薪令盡無餘之義也。」
- 又尊勝佛頂修瑜伽法軌儀卷下餘一解說：「護摩者，此方為火天，火能燒草木。」卉林無有餘者，天者智也，智火能燒一切無明株杌無不盡燒。

真言密教護摩之目的

依「準提陀羅尼經」所示即：

- 扇底迦（息災）法者：求滅罪轉障除災害，鬼魅疾病，囚閉枷鎖，疫病國難，水旱不調，虫損苗稼，五星陵逼本命，悉皆除滅，煩惱解脫，是名息災法。

• 布瑟置迦（增益）法者：求延命、官榮、伏藏、富饒、聰慧、聞持不忘、藥法成就中略欲求持明仙人阿蘇羅窟及八部鬼神窟求入者皆得，及證地位神通，求二種資糧圓滿速成無上菩提，是名增益法。

• 伐施迦置拏（敬愛）法者：若欲令一切人見者，發歡喜心，攝伏鈎召，若男若女天龍八部藥叉女及攝伏難調鬼神，諸怨敵作不饒益事，皆令迴心歡喜，諸佛護念加持，是名攝召敬愛法。

• 阿毘遮嚕迦（調伏）法者：犯五無間，謗方廣大乘，毀滅佛性，背逆君王，惑亂正法，於如是之人深起悲愍，應作降伏法。

三摩地

三摩地者：

- 經云：「定慧平等名佛智見，以之名三摩地也。」
- 菩提心義記決云：「三摩地者，謂一切有情悉普賢心。」
- 又云：「三摩地，即等念義。」
- 即身成佛義云：「是說三摩地法者，法身自證三摩地也。」

三昧耶形

三昧耶形者：

• 經云：「本尊手所持之物，是為三昧耶形也，即其尊三摩地所成物形也，由此三摩地成就。」

• 即其物乃本尊之本誓，自成就物通達本尊平等本誓而起功用也。

瑜伽

瑜伽者：

• 義釋云：「瑜伽譯相應。所謂相應者，即是教行應理之行人也。」

- 菩提心義一云：「瑜伽此云相應。相應者涉入義也。」
- 又云：「以三密相應故云瑜伽。」
- 即真言瑜伽者，觀心一致不二也，亦本末不二，解行相應也。

五悔

五悔攝普賢十願者，

- 第一禮敬方便，攝禮敬稱讚供養三願也。
- 第二懺悔方便，攝懺悔業障願。
- 第三隨喜方便，攝隨喜功德願。
- 第四勸請方便，攝請轉法輪諸佛住世二願。

- 第五迴向方便，即攝常隨佛學恒順眾生普皆迴向三願也。
- 即欲修萬行先禮三寶，萬行雖多，不出止行二種善也。
- 懺悔是止，隨喜是行故，即此二種表一切斷惑修善。又懺悔自悔罪故，可誡他罪，隨喜喜他善，喜他善故自可修善，故此二總攝自利利他離行也。

禪門

- 大梵天王問佛決疑經云：「世尊言，吾有正法眼藏，涅槃妙心，實相無相，微妙法門，不立文字，教外別傳，分付摩訶迦葉。」
- 經云：「真言宗立顯密二教，攝一切法。且以達摩所傳禪法可攝。」

- 禪宗自達摩興起，樹立教外別傳，不立文字，直指人心，見性成佛。
- 偈曰：「心是菩提樹，身為明鏡台，明鏡本清淨，何處染塵埃。」
- 又偈曰：「菩提本無樹，明鏡亦無臺，佛性常清靜，何處有塵埃。」
- 靜坐是手段，不是禪！若不頓悟真理，終日枯坐亦是枉然。
- 「禪」即是一種直證，諸法當體的根源之學問。亦是宇（空間）宙（時間）身（物質）心（精神動力）總匯（源頭或總和）的直覺（義）之假名詞。

● 有人以為禪是住於真如，無一物且一無所覺的狀態，但怎樣可以萬象的有物，同觀為禪呢？這是差別與平等齊觀，而中道亦不立的心理狀態。所以禪是諸法之本體，無一物中，有萬象的透視境界。

禪

八慢：

慢者，自舉陵他，名之為慢。
慢別不同，離分為八：

1. 直名慢－於下自高，於等計等。
2. 名大慢－於等自大。
3. 名慢慢－於上境處，謂己勝彼。
4. 不如慢－他實過已，玄絕非伴。
5. 名憍慢－有人於彼父母師長，不能恭敬。
6. 名我慢－有人於陰橫計有我，執我自高。
7. 增上慢－實不得聖，而謂已得。
8. 名邪慢－無德自高，恃惡陵人。

• 八中前五對人以分，後三就其所恃以別。

• 亦云就此八中，我慢是通，餘者是別也。

佛五眼

佛五眼者：

• 青龍軌云：「肉眼，見一切色。天眼，見一切眾生心。慧眼，見一切眾生諸根境界。法眼，見一切法如實相。佛眼，見十方佛力。」

• 大原決云：「佛眼者，佛觀中道，佛眼所現身也。四眼同入佛眼。」

• 又佛眼只是覺義，開悟義，即佛中道眼也。

• 又云：「佛眼，即虛空眼。」此是胎藏之尊也，謂虛空者，即般若畢竟空之義也，照此空故生諸佛。

兩足尊

• 兩足尊者，「法花義疏四」云：

• 或以定惠為二足
• 或以權實為二足
• 或以福惠為二足
• 或以解行為二足
• 外形以人天二足

方便

方便者：

• 義十一云：「諸法畢竟空無所有寂滅無相之體。從本不生。是為慧也。真言身印瑜伽等能令行人成大利益，入於佛慧，是方便也。」

• 義八云：「雖犯大罪，若於有巧方便者，則易消除。雖殖微善，若有巧方便者，則令無盡。」

神變

- 神變者：

- 金疏云：「神變者，名為普現一切色身三昧。」即眾生界無邊無量雲海，諸佛悲智亦遍眾生界，亦如雲海，隨彼眾生類自在轉故。

- 演鈔云：「諸天魔梵八部之眾及鬼子母等，雖現如是種種相狀，皆即是實相之印。」即行者觀行與此相應，以此為門，皆見中台大日之尊。若不知如是秘號，皆隨愛見所生，與天魔外道作諸塵勞伴侶耳。

疑

疑者：

- 經云：「疑有三種：一疑自；二疑師；三疑法。三疑猶如常在懷抱，禪定不發。」

祕密佛三種身

祕密者：

- 祕者，祕奧。
- 密者，隱密也。

是即色顯，心隱也。

佛三種身者：

- 「大日經」云：「諸尊有三種身。所謂字，印，形像。」
- 「字有二種：謂聲及菩提心。」
- 「印有二種：所謂有形，無形。」
- 「本尊之身亦有二種：所謂清淨、非清淨。」

因果

- 大師釋云：「顯以因果，六度為行。密以本有三密為宗。」
- 因果六度者，是生佛因果相對中行，故云因果六度，是遮情行也。

• 本有三密者，以眾生三業，直住如來三密，是生佛不二，因果即一之義。

• 顯密二教即遮表異故也。

種子字

種子字者：

• 以蓮花為喻，如蓮種在堅殼之中，枝條花葉之性巳宛然具足。

• 即如初入淨菩提心門，見法明道，如識種子，為悲萬行之所含養，如居胎藏，無功用以去。漸學如來方便，至如來一切智地生。

本尊

本尊者：

- 我本來自性清淨心，於世間出世間，最勝最尊，故曰本尊。
- 自受用身者，正自受法樂，境智冥合成正受法樂。
- 他受用身，是平等性智也。大日受法樂後，即金剛薩埵身住，即是他受用身。

本不生不可得

- 謂本不生，本不生者，謂一切有為有漏無明染法等，從本已來自性「空」，畢竟不生，故云本不生。

• 既不生故，亦無有滅，曰不生不滅，以真空故，表森羅萬象之全一之當體之絕對之相續相之妙顯現也。

• 若見本不生時，即是如實知自心，亦即一切智智。所謂一切智智即是智中之智，非但知一切法之實相，亦知是法究竟實際之作業也。

• 所謂「不可得」者，即中道義。即觀心為因，三密為緣，普門海會現前為相，故名為有。以其本性皆為空，亦無自性，皆不可得，亦不出法界，不來不去，故名為中道也。

羯磨

- 者，毘盧遮那法身如來所作事業也。
- 羯磨是事業、作業，羯磨力叫做業力。你不能令它停止，它不斷地活動，有活動叫做道，沒有活動的如硬物一般，沒有活動萬物都死寂。
- 若識本心，即是解脫，心者真如佛性之羯磨力也。
- 無常的動力叫做佛心力，法身佛的羯磨力。以理方面來說，叫做如來羯磨力，如來是以理來說的，佛是以智來說的。佛即覺，有精神的覺悟，《金剛經》中裡面有如來說、佛說，如來說是說理，佛說是講智。

• 真言宗說不二，如來即佛、佛即如來，兩者同義，相同的意思。

• 經云：「十字羯磨者，威儀事業成就義。十字者，三四即十二因緣，八萬四千或二十五有。」

六無畏

六無畏者：

• 經云：「善無畏，身無畏，無我無畏，法無畏，法無我無畏，一切法自性平等無畏。」

• 無畏者蘇息處之義也。

• 大日經第一云：「彼愚童凡夫修諸善業，害不善業，當得善無畏。若如實知我，當得身無畏。若於取蘊所集我身捨自色像觀，當得無我無畏。若害蘊住法攀緣，當得法無畏。若害法住無緣，當得法無我無畏。若復一切蘊界處能執所執我壽命等，及法無緣，空自性無性，此空智生，當得一切法自性平等無畏。」

十住心論

- 第一異生羝羊心－魯鈍比如牡羊之心
- 第二愚童持齋心－能思至持齋善根心
- 第三嬰童無畏心－依信昇天得無畏心
- 第四唯蘊無我心－認五蘊之法為我性心
- 第五拔業因種心－至拔除業煩種子心

- 第六他緣大乘心－思拔他人之大乘心
- 第七覺心不生心－覺不生不滅之身心
- 第八一道無為心－離為作造作之對立體驗一如之心
- 第九極無自性心－諸法常生起生動無固定之自性心
- 第十秘密莊嚴心－體認秘密莊嚴之真我之內容之心

十緣生句

- 「大毘盧遮那成佛神變加持經」住心品云：「祕密主若真言門修菩薩行諸菩薩，深修觀察十緣生句，當於真言行通達作證。」
- 幻－謂如咒術藥力能造所造種種色像
- 陽焰－性空，彼依世人妄想成立

• 夢－如夢中所見
• 影－如面緣於鏡而現面像
• 乾闥婆城－解了成就悉地宮
• 空谷響－如緣聲有響
• 水月－如因月出故，照於淨水而現月影像
• 虛空花－以心迷亂故而生如是種種妄見
• 浮泡－如天降雨生泡
• 旋火輪－譬如火爐，若人執持在手而以旋轉空中，有輪像生

• 亦云：「秘密主，應如是了知大乘句、心句、無等等句、必定句、正等覺句、漸次大乘生句，當得具足法財，出生種種工巧大智，如實遍知一切心相。」

般若

- 「理趣分」注云：「梵云般若，唐云智慧。」
- 智慧者，「智論」云：「智約果，慧約因。」
- 此有五種：

（一）實相般若－即真如理

（二）觀照般若－即真智慧

（三）文字般若－謂即真教

（四）眷屬般若－謂即萬行

（五）境界般若－謂一切法

・所謂任運自己去修證萬法為之迷，由萬法來修證自己為悟，以迷轉為大悟為佛，對悟而迷即為眾生，有悟上得悟之人，亦有迷中猶迷之仕。心外無別法，法是由心去攝取週圍之萬物法相的認識之潛意識。了悟事事物物是無相實相空之無常四相顯現過程之妙有流動相，色不異空，空不異色，色即是空，空即是色。要說佛相本體實相是有，但五蘊迷情是空，組織現象是因緣法是空。因此，我們要入不二法門，不能偏於空，亦不能執於有相之見，要達致即事而真，當相即道，有為即無為，無為而無不為的全一之內容。這只有以「唯觀唯行」，以觀照般若去體現實相般若，才不会流於主觀或客觀，以直覺智智才能現成萬法之真理趣。

阿闍黎

• 演鈔云：「阿闍黎者，即軌範師。能以如來秘密軌匠於人故。」

• 菩提心義云：「阿闍黎云明解。明解古今天地之道故。又稱明解師。」

• 蘇疏云：「阿闍黎即正行。」

• 南山鈔云：「能糾正弟子行故。」

• 又云：「阿即無義，闍黎即生義。本來不生即大日異名。」

• 具緣品釋云：「若於此曼荼羅，種種支分及一切諸尊真言，手印，觀行悉地，皆悉通達，得傳教灌頂，是名阿闍黎。」

• 真頂注云：「大阿闍黎者，金剛智也。」

• 文殊五字軌云：「敬阿闍黎如佛想，於同學所慇重心。」

• 不空譯軍荼利軌云：「敬阿闍黎，等同一切佛。」

• 弘三云：「大論四十九云：菩薩因師得菩提，云何不敬。豈有上智高明，於師不敬。若不敬師，則失大利。」

• 又云：「若能開釋深般若者，則盡敬之。不念餘惡，不以臭囊而棄其金。」

三昧耶戒之精神

- 以「四度加行」成就三昧耶戒之精神。
- 「加行」自古以譯為「方便」，即所謂「加種種方便之功用的練行」。
- 「四度加行」，即是「十八道，金剛界，胎藏界，護摩」之四行法，此略稱之謂「四度」。
- 此三昧耶戒者，乃真言行者把握了真言密教之體驗與根本理念，自然會所流出之戒法。
- 真言密教之所謂「三昧耶戒」者，即「心清涼」或云「心清淨」之戒。

• 今此所謂「加行」者，即為得傳法阿闍梨位灌頂而加種種方便之練行之意義。

• 四度加行成滿了，就受傳法灌頂，凡有入壇灌頂者，必需先行受「三昧耶戒」，此三昧耶戒者，乃真言行者把握了真言密教之體驗與根本理念，自然會所流出之戒法。

• 「三昧耶戒」不言「不可作惡，眾善奉行」等，而亦自然斷惡修善、為濟生利民而為。以「戒」而言，有形式為主之「毘奈耶」，即「律儀」者；與其精神為主之「尸羅」，即「心清涼」或云「心清淨」之戒。

• 真言密教之所謂「三昧耶戒」者，即此尸羅之義，清涼即心清淨之戒體也。

跏趺

- 跏趺者，上音加，下音夫，皆俗字也，正體作加趺。
- 依金剛頂及毘盧遮那等經坐法，差別非一，明四威儀皆有深義也。
- 結跏趺坐略有二種：一曰吉祥，二曰降魔。
- 若依持明藏教瑜伽法門皆以吉祥為上，降魔坐有時而用。
- 其吉祥坐先以左趾押右股，後以右趾押左股，令二足掌仰於二股之上。
- 如來昔日在菩提樹下成正覺時，身亦安吉祥之坐，是故如來常安此坐轉妙法輪。

戲論，加持，感應，神通

戲論者：

- 義釋十四云：「戲論者，如世戲人以散亂心動，作種種身口，但悅前人而無實義。今妄見者，所作亦同於彼，故名戲論也。」

加持者：

- 秘藏記云：「加者諸佛護念，持者我自行。」

感應者：

- 日疏三云：「自心為感，佛心為應。」

神通者：

- 蘇疏云：「神名天心，通名慧性。天然定慧徹照無礙，故名神通。」

懈怠，障礙，不可師於心

懈怠者：

- 智論云：「懈怠黑雲覆諸明慧，吞滅功德，增長不善。初雖小樂，後則大苦。」

障礙者：

- 義釋云：「由妄執故諸障得生。」
- 又云：「不欲，懈怠，無益談論，不信，廣聚資財。」

不可師於心者：

- 大經云：「願作心師，不師於心。欲得不退菩提，當發此願。」

供養法

- 以「崇敬」為其本義。
- 因崇敬才以香花、飯食、衣服等資具供給佛、菩薩等尊聖，故名「供養」。如有種種物資供給資養聖者，必要有恭敬之念才行。
- 真言密教是把一事一物無限化、絕對化，以事理一如為當體。故不會專以法供養為真實而否定香、花等事物的供養。
- 於真言密教精神上言，什麼都是真實的、有意義的。所以真言密教供養法，有事供養法，同時也有理供養法。
- 但於真言密教而言，是以全一真我當體之動的法身佛為根本，相同的法供養、事物供養，都與上述所謂法供養，或事物供養大異其趣。此普通所謂的一華一香，即依因緣所生的有限之一事一物而已，但真言密教的立場而言，即何物都予以精神化無限化，各各都是宇宙之縮寫的一花、一香了。

絕對唸誦法

• 又名「出世間念誦」，即真言密教獨特念誦法，如金剛念誦，或蓮花念誦，或三摩地念誦。雖言是以口念誦，但以心耳能聞程度為目標，以肉耳聞不到的念誦法為正。

• 口所出之真言實義表現本來不生之全一實相，內外一切諸法，無一不是本不生之實相。自身本尊亦是本來不生實相之當體，依此念誦故，假如念誦真言遍數不多，供養資具不全，亦會速成出世間體驗，悉地圓滿成就。

- 今依「大日經」中之金剛念誦為基本之真言密教的獨特念誦法，和心想念誦來概說之。此真言密教獨特之念誦，亦與其法身觀應用於古來之真言念誦上。
- 依此來自由體認得到其法身妙用，亦即要體證此生命體之法身佛。通過一切物而活現一切物，同時亦感通生動於吾人之身心中，經由與法身佛融會合一之處，才能不斷地伸及一切，入浸一切，活現一切。此種旨趣已表示於真言陀羅尼，同時予以思念觀想之。以心耳能聞之程度口誦之，此即所謂心想念誦。

● 假使真言陀羅尼具有意義亦不去解釋，只令反覆口誦，其結果完全與淨土教之稱名念佛境地相同。因此，一般顯教中，於真言為五不翻之一。

● 但是於真言密教之立場，念誦真言陀羅尼不單是浸入其神秘感為目的，必依此來發現生命體之法身佛是全一之物。同時顯現於各個個體之上，不斷地生成各個個體。無論那個都活現剎那於永遠之境地，真言密教念誦是為此思念觀想之目的來設的。

● 因此，真言密教之真言陀羅尼之念誦，與其説誦持於口，寧願説其重點是念持於心。

應用篇

應用篇

阿字字義

- 吽字義云：「阿字實義者有三義：謂不生義，即一切諸法本不生義，空義，有義。」
- 十住心論第十云：「又阿字諸法性義，因義，果義，不二義，法身義。」
- 亦自在義。
- 大日經疏第七云：「凡最初開口之音皆有阿聲。」
- 不生際者即是自性清淨心，自性清淨心即阿字門，即知一切法即入阿字門也。

• 阿字者，普譯本不生義，即有兩種解釋，第一即謂一切有為有漏無明染法，從本已來自性空無畢竟不生，故本不生。二謂一切無明妄想分別執著生諸法，若染法若淨法，或功德或過患，皆悉本自自性空無無有生，故云本不生也。若見本不生時，即是如實知自心，亦即一切智智。所謂一切智智即是智中之智，非但知一切法之實相，亦知是法究竟實際之作業也。

• 真言阿字者，亦謂六大體性之「地大」義。又「即身成佛義」云：「金剛輪者阿字，阿字即地大圓壇者空，真言者即心大也，所謂聖尊者大身，種子者法身，標幟者三昧耶身，羯磨身者三身各各具之。」

• 然則，誰說阿字？今有四釋，梵天造書造文字，是今淺略釋攝也；若深祕釋者，大日如來說此阿字；若深秘中深秘釋者，阿字自說阿字；若秘秘中深秘密釋者，真如理智自然說此阿字。

• 又云，愚痴者，非方便之假門不至佛智也。阿字者，曰無，曰妙，曰真如，曰法性，曰自性，曰佛心，曰如來藏，曰本來面來。般若者，智慧也。極盡而以至真空實有根元之阿字也。凡愚入真理之道而建立一切諸經之方便，入真理愚與聖有本末之異也。

• 阿字者，亦表週遍法界理之種子字，亦本不生際之義，即虛空喻本不生理，諸法喻塵垢也。阿字者又即毗盧遮那理法身種子，理智不相離，理起智用，智起大悲也。

明五點

- 𑖀（因義－自心發菩提義）
- 𑖁（行義－心具萬行義）
- 𑖀𑖽（證義－見心正等覺義）
- 𑖀𑖾（入義－證心大涅槃義）
- 𑖁𑖽𑖾（方便義－嚴淨心佛國義）

依一行撰之「大日經疏」來看，「大日經住心品」之住心之語釋謂：「自心發菩提，即心具萬行；見心之正等覺，證心之大涅槃；發起心之方便，嚴淨心之佛國」。依因至果，皆無所住而住其心。

經云：「字輪五轉者，即一發心，二修行，三證菩提，四入涅槃，五方便究竟。」發心者，即發菩提心求佛果也。修行者，即修三密行趣向佛道也。證菩提者，即依行因證果德也。入涅槃者，即果德已滿而入涅槃，涅槃者不生不滅理也。方便究竟者，即上之四德皆具足圓滿也。凡五轉者，從因至果位所得功德也。五位轉報故云五轉也。就之中因東因別。中因者，中方大日如來位為發心因，東方阿閦如來位為行，南方寶生如來位為證菩提，西方無量壽如來位為入涅槃，北方不空成就如來位為方便究竟也。東因者，東南西北如次為因行證入，中方為方便究竟。此二次第中因本覺下轉次第也，東因始覺上轉次第也。上、下二轉同時具足，故一切行人皆具此二義，則是內證外用，本有修生義門也。真言行人以此得證大靈法界體性本有，轉法輪之妙智，體驗諸如來之本誓，自心自證，自利利他，得佛菩薩位。

「唵」字字義

- 唵字者，有五種義：
  (1) 歸命義；
  (2) 供養義；

(3) 驚覺義；

(4) 攝伏義；

(5) 三身義，即法身，應身，化身也。

「吽」字字義

- 此吽以四字成一字：

1. 所謂四字者，阿字法身義，訶字報身義，污字應身法，麼字化身義。即以阿字門攝一切真如法界法性實際等理無所不攝，以訶字即攝一切內外大小權實顯密等教無所不攝，以污字門攝一切行三乘五乘等行無所不攝，以麼字門攝一切果法無所不攝。

2. 又攝三句義，即本體訶字是一切如本菩提心以為因，下有三昧畫，是大悲萬行義，上有大空點，是究竟大菩提涅槃之果也。

3. 吽亦擁護義，亦自在能破義，亦云能滿諸願義，又大力義，

4. 又恐怖義，即吽字者一切如來誠實語也，四魔現前則入大慈三摩地，恐怖降服四魔等。

5. 又等觀歡喜義。

吽(重)字義

- 吽（重）合之表定慧和合義。
- 即金所具胎，胎所具金義。
- 「理趣經」終五祕密五尊一體種子也。
- 又「瑜祇經序品」云：「四攝種子字也。」
- 吽字即如來菩提心為因，又吽字即衆生無明業因，不二和合故。

胎藏梵字之應用

胎藏梵字之應用

大日經

• 「大日經」者，全名「大毘盧遮那成佛神變加持經因陀羅王」，此則梵漢和雜翻也。謂大毘盧遮那成佛神變加持經。

• 此經總共有三個版本，第一，法爾常恒本，第二，分流廣本，第三，略本，有三千餘頌，經卷七軸。廣略雖殊，理致是一。

• 「大日經」云：「如何是菩提者，曰如實知自心也。」

• 亦即所謂如何去體認知見全一之真我。

• 「大日經」是透過象徵性來捉其一點，以之作為代表，同時以其他之一切為背景來暗示所包含之一切。令行者感悟了「全一」的內容，這就是密教表現方法的特質。

• 「大日經」說五大、五喻、五義、五字門，五大於真言密教認為是一切之元素，而且是如來內證之體驗境地，是一切智智精神方面之表現象徵。以此五大象徵一切智智，當體即是識大，亦即色心不二的一元論。

• 「大日經」說：「曼荼者粹實至實，即本質之義也，羅者即成就義也。」

體相用

六大體大一事

六大者：

- 地大，𑖀字黃色方形堅性。
- 水大，𑖪字白色圓形濕性。
- 火大，𑖨字赤色三角暖性。
- 風大，𑖮字黑色半月動性。
- 空大，𑖏字青色團形無礙性。
- 識大，五色五形等一切具足，五智九識心王心數等也。

- **四曼相大一事**

相大者，四種曼荼羅也。四曼者：

- 大曼荼羅：諸尊相好具足身也。大者殊勝義，圓滿義。又繪像佛形五色交色，故名大。

- 三摩耶曼荼羅：諸尊器杖等，又印契。三摩耶者，此云平等，亦五大形也。
- 法曼荼羅：即諸尊種子真言義。法者軌持義也。
- 羯磨曼荼羅，諸尊威儀事業義。羯磨此云事業。
- 是故曼荼羅者，此云輪圓具足，即是相大義也。

法曼荼羅

法曼荼羅

三密用大一事

- 三則眾生三業也。
- 今此三業速疾隱密，而等覺十地難見其事跡，故名密也。
- 三用大者，三密也。
- 三密者：
  - 身密：即手作印契
  - 語密：即口誦真言
  - 意密：心觀本尊

即身成佛義

六大無礙常瑜伽（六大為體）
四種曼荼各不離（四曼為相）
三密加持速疾顯（三密為用）
重重帝網名即身（諸佛無礙）
法然具足薩般若（法佛成佛）
心數心王過刹塵（無量無數）
各具五智無際智（輪圓具足）
圓鏡力故實覺智（成佛一字）

- 「大日經」曰：「不捨於此身，逮得神通境，遊步大空位，而成身祕密。」又云：「若能依此勝義修，現世得成無上覺。」

• 「金剛頂經」曰：「應當知自身，即為金剛界，自身為金剛，堅實無傾壞，我為金剛身。」

• 「菩提心論」曰：「若人求佛惠，通達菩提心，父母所生身，速証大覺位。」

• 「弘法大師」云：「頌文分二：初一頌歎即身二字，次一頌歎成佛二字。初中又四，初一句體二相三用四無礙。後頌中有四，初舉法佛成佛，次表無數，三顯輪圓，後出所由。」又初四句即加持成佛的意思，次三句理具成佛的意思，終一句顯得成佛的意思也。

• 重重帝網名即身者，即我身法身重重涉入故名也。

• 法然具足薩般若者，即我身中本來常住本覺佛義。「大日義釋」云：「薩般若即是一切智智。」

• 心數心王過刹塵者，即法然具足薩般若之心數心王也，亦一一尊等各有十佛刹微塵數普門三昧眷屬，故云過刹塵。

• 圓鏡力故實覺智者，即顯正成佛，如實知自心名正成佛也。

• 即身成佛有三種：

• 理具即身成佛－即一切眾生身心本來而兩部體也，身者五大本有理體也，心是識大本覺智德也。

• 加持即身成佛－眾生本覺功德，諸佛感應方便相應，而身心本有功德速疾顯現一念間，覺知諸法實相不起於座，成辨一切佛事，故名加持也。

• 顯得即身成佛－加持內證唯獨自明了餘人所不見故，

自身萬德開示而佛相出現也。

即身成佛義又云：

能生隨類形
諸法與法相
諸佛與聲聞
救世因緣覺
勤勇菩薩衆
及仁尊亦然
衆生器世界
次第而成立
生住等諸法
常恒如是生

• 能生者六大也。

• 隨類形者所生法也，即四種法身，三種世間是也。

• 諸法者法曼荼羅，法相者三昧耶身。

• 諸佛乃至衆生者大曼荼羅身。

• 聖尊者大身，種子者法身，標幟者三昧耶身，羯磨身者三身各各具之。

• 佛菩薩二乘者表智正覺世間。

• 眾生者眾生世間。

• 器世界即器世間。

• 器世界者表所依土。

• 諸佛聲聞緣覺菩薩眾生器世界次第而成立。

曼荼羅的意思

• 「陀羅尼經集」云：「曼荼羅名壇。壇者即怛也，怛然而平也」。

• 又云真言。

• 即三密圓滿具足義。

• 「義釋」云：「曼荼羅者，即無上大乘根源也，具種種德義，即是如來祕密之德。」

• 夫曼荼羅者，名為聚集，今以如來真實功德集在一處也，乃至十方世界微塵數差別智印輪，即以大日心王，便一切眾生普門進趣，是故說為曼荼羅。即是諸佛大圓實相之地也，乃至三世諸佛菩薩皆如是說也。

- 「祕藏記」云：「曼荼羅謂三密圓滿具足之義。有四種：大曼荼羅者，五大也；三昧耶曼荼羅者，尊所執持器杖印契平等義；法曼荼羅者，種子也，即是謂法身執持義也；羯磨曼荼羅者，威儀也。」
- 四曼者：
  - 大曼荼羅是相好具足身，即說與聽二也。
  - 三昧耶曼荼羅為標幟記號，即密印標熾也。
  - 法曼荼羅即是名稱，即種字真言也，即諸尊所表諸法門也。
  - 羯摩曼荼羅就是威儀，即威儀莊嚴也。
- 因此，四種曼荼羅不外是「全一」真我當體的絕對活動，用「身」、「語」、「意」與「活動」當體的四方面來表現象徵。

胎藏界曼荼羅

- 胎藏曼荼羅，今以蓮花喻此曼荼羅義。
- 胎者，含藏義，又世界義，亦初起處義。
- 藏者，苞含義。即外修萬行，內觀諸法，中開心佛義。
- 言胎藏者，即「生」其物之真我以所有一切為自己之內容細胞包藏於胎內，「以自己生命之息而令其生，而以養而育之」者。
- 又云，胎藏界詮理故，以阿字本不生之理為種子字，即因位之中眾生所具理性法門也。

• 由此同體之大悲而生一切、伸一切，通過各各個個之細胞而去充實，擴大「生」其物之內容，才能生出莊嚴的活動。此表於圖像者為胎藏曼荼羅，亦謂大悲胎藏曼荼羅或云大悲胎藏生曼荼羅。

• 祕藏記云：「胎藏曼荼羅，毘盧遮那四佛四菩薩，中院上三角形，又釋迦眷屬，中院下五大忿怒等，南方金剛部，北方蓮花部，以及外金剛部。」

• 亦云：「大悲胎藏含萬行，且在東方生。」

胎藏界曼荼羅四重十三大院三部

• 大原決曰：「四重者，中臺，第一，第二，第三。第一遍知院，第二文殊院，第三世天院也。餘方以之可覺知。」

- 又云:「十三大院者,中臺院,遍知院,文殊院,釋迦院,金剛手院,除蓋障院,觀音院,五大院,地藏院,虛空藏院,蘇悉地院,四大護院,世天院也。」
- 亦云:「胎立三部,向中臺通為佛部,右方為蓮花部,左方為金剛部。」
- 胎藏自三部生,具說理性法門,然胎中非不說事智也。

胎藏界中臺八葉院

- 言胎藏者,即「生」其物之真我以所有一切為自己之內容細胞包藏於胎內,「以自己生命之息而令其生,而以養而育之」者也。
- 界者身也,即聚集義也。言一身聚集無量身,又持義也。

- 中臺－大日如來
- 四方四葉－疏五云：「正方四葉表如來四智，隅角四葉是如來四行。」

胎藏曼荼羅，今以蓮花喻此曼荼羅義。

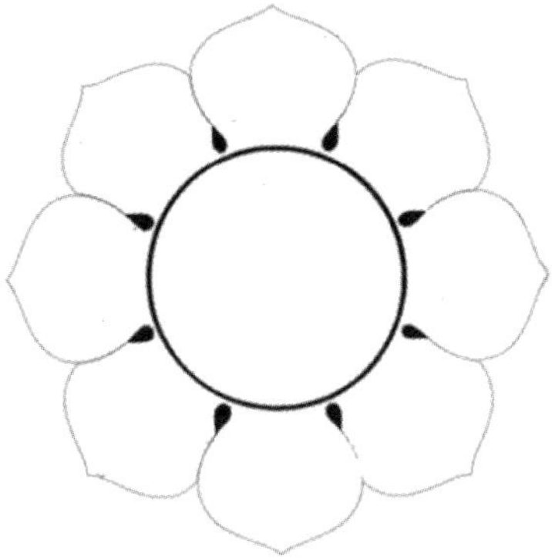

中臺——胎藏界大日如來（毘盧遮那如來）

• 胎者含藏義，又世界義，又云初起處。「金剛頂經」云：「外修萬行，內觀諸法，中開心佛義也。藏者苞含義。」

• 胎藏者理也，界者身也。身即聚集義也。言一身聚集無量身，又持義也。即大日如來常住滿虛空法界義。」

• 大者，梵音摩訶，即廣大義。梵音毘盧遮那，即日之別名，即除暗遍明義，能成眾務義，不生不滅無始無終義。即如來智慧日光，遍一切處，作大照明。

• 如來者，乘如而來故曰如來。

• 密號：大毘盧遮那如來，遍照金剛

• 所謂大悲胎藏，如於淨心中，發起方便，修治自地，隨緣利物，濟度眾生。

•以阿字諸法本不生故。亦即週遍法界理之種子。亦謂地大。

•種子字 

｜眾生覺悟時，阿字即佛果也，即包含自性，受用，變化，等流四種法身。

｜方便義。

｜嚴淨心佛國義。

胎藏界大日如來真言

• 曩謨三滿多母怛喃（皈命法報化三身）

• 阿（我覺本不生義－謂覺了自心從本以來不生，地大）

• 毘（出過語言道義－即是佛佛自証之法，水大）

• 羅（諸過得解脫義－一切妄想分別名之為過，火大）

• 吽（遠離於因緣義－今法從緣生，則無自性，若無自性，則是本來不生，風大）

• 欠（知空等虛空義－即畢竟空義，空大）

真言密教之六大觀，即各各都具如來體驗之一切智智的境地。其所表現象徵的，地大即是一切智智之地大；水大即是一切智智之水大。都是象徵六大各個之內容互相涉入無礙，沒有離反或背反，常處於調和相應（瑜伽）之境地。

東方——寶幢大威德如來

- 寶幢者，即發心菩提義。
- 經云：「應發菩提心者，謂生決定誓願，一向志求一切智智，必當普度法界眾生，此心猶如幢旗，是衆行道首也。」
- 在東方，即有初首之義。喻菩提心最是萬行之初也。其名曰寶幢佛。
- 如來萬行，即以一切智願為幢旗，於菩提樹下降伏四魔軍眾，故以為名也。
- 「廣軌」云：「東方寶幢世尊威德。」
- 「同九」云：「離因緣故名為淨菩提心，是成佛真因正法幢旗之種子。」

・密號：不動金剛，滿願金剛，怖畏金剛

・種子字 

・諸法本不生故。

・東方發心方故。

・亦轉第八識為大圓鏡智故。

• 種子字

— 焚彼菩提之性故，即自燒一切煩惱罪障，乃至身障義。

— 「無畏廣大儀軌上」云：「欲淨有情界，先以法界生印明在心位，諦觀自性慧體中有籃字，遍身成智火，諸垢不可得。」

寶幢大威德如來真言

- 曩謨（皈命義）
- 三滿多（普遍義）
- 母怛喃（諸佛義）
- 覽（智火義，依修義）
- 落（二一點涅槃義，即觀功德所成依身者）
- 娑婆訶（成就義）

南方—開敷花王金剛不壞如來

- 具緣品偈云：「南方大勤勇，遍覺花開敷，金色放光明，三昧離諸垢」

• 開敷花王如來，身相金色，普放光明。如住離垢三昧之標相，始自菩提心種子，長養大悲萬行。今成遍覺萬德開敷，故以為名。

• 開敷華王者，大悲萬行成就，萬德圓滿開敷。

• 三昧離諸垢。離垢者，大空義也。

• 金剛者，有炎光也，即如來智，非緣生者可破壞，故名不壞。

• 密號：平等金剛

• 種子字 

一 行也，修行故易知。

一 亦轉第七識為平等性智。

• 種子字𑖪

• 𑖪字者，智法身種子。所謂理起智用，智起大悲，大悲喻水輪。

• 𑖪字者水輪種子。

• 𑖪字門一切諸法語言道斷故也。

開敷花王金剛不壞如來真言

- 曩謨（皈命義）
- 三滿多（普遍義）
- 母怛喃（諸佛義）
- 鑁（水輪種子，仍為智法身種子）
- 縛（金剛光，亦曼荼羅圓義）

• 娑婆訶（成就義）

西方—阿彌陀蓮花藏如來

• 具緣品云：「西方仁勝者，是名無量壽。」

• 譯云，即於西方觀無量壽佛，此是如來方便智，以衆生無盡故，諸佛大悲方便亦無終盡，故名無量壽。

• 又以降四魔，故名為勝者。

• 蓮花者，如世人以蓮花為吉祥清淨，能悦可衆心義。

• 此是受用佛，即是成大果實受用其樂。次以萬行故，成正等覺，其佛名阿彌陀，即西方也。

• 密號：清淨金剛，大悲金剛

- 種子字

- 一切邊際不可得故。
- 以萬行故成等正覺。
- 轉第六識成妙觀察智定。

・種子字

・是菩提心義，

・是成菩提義，

・即涅槃義。

・一切邊際不可得故。

・轉第六識成妙觀察智定。

阿彌陀蓮花藏如來真言

- 曩謨(皈命義)
- 三滿多(普遍義)
- 母怛喃(諸佛義)
- 參(諸漏即大空義)
- 索(不動義,堅住義)
- 娑婆訶(成就義)

北方—天鼓雷音萬德莊嚴如來

- 疏四云:「於北方觀不動佛,作離熱清涼,住於寂定之相,此是如來涅槃智,是故亦云不動。非其本名也,本名當云鼓音如來。如天鼓都無形相亦無住處，而能演說法音，警悟眾生。」

• 經云：「今以鼓音為定，是瑜伽義也。」

• 「陀羅尼集經十」云：「北方微妙聲。」即鼓音如來微妙聲佛者是義同。故「法花經第一」云：「吹大法螺擊大法鼓」，皆是喻法音。

• 又經云：「縱直雖不聽聞在世說法，滅後我等遇顯密權實之教法發心修行，偏是依鼓音德，諸佛利生方便悉雖平等。」

• 萬德莊嚴者，「疏十七」云：「此是佛音莊嚴印，亦是萬德莊嚴印也。亦云內外莊嚴也。」

• 密號：福聚金剛

- 種子字𑖀𑖾
- 寂靜不可得故。
- 顯涅槃義。
- 亦轉五識為成所作智故。

• 種子字 𑖥𑖾

• 以𑖥𑖾字為種字，是依胎藏界初門義也。

• 𑖥𑖾是有義。即三有也，以本不生故即離三有，三有合本來不可得也。

• 傍有二點，即為調諸有令入祕密藏故。

天鼓雷音萬德莊嚴如來真言

- 曩謨（皈命義）
- 三滿多（普遍義）
- 母怛喃（諸佛義）
- 喊（因業不可得義）
- 鶴（離三有義，即摧伏一切煩惱，一切等虛空）
- 娑婆訶（成就義）

東南方— 普賢菩薩

- 梵名：

者，此云普也，者，賢義。亦名遍吉。

● 普有二義：一者法身普遍一切處故。二者應身普賢，應十方作一切方便故。華嚴云：「普賢身相猶若虛空，依於如如不依佛國也。」

● 「大日經疏」云：「普是遍一切處義，賢是最妙善義也。」此菩薩所有三業，普遍賢善，諸佛菩薩之所敬歎也。普賢者是菩提心也，即證道當時的心。若無此妙因，終不能至無上大果。故云：「法爾應住普賢大菩提心」。

● 「住心品」云：「普賢是自證之德。」若無此妙因終不能至無上大果。

● 「理趣經」云：「一切有情如來藏，以普賢菩薩一切我故。」

● 「理趣釋」云：「一切有情皆不離大圓鏡智性，是故如來說一切有情如來藏，以普賢菩薩同一體也。」

• 經云：「普賢有三種，一者實相普賢，二者顯現普賢，三者究竟普賢。此三種普賢名曰真言教主大日如來是也。」

• 普賢者，即菩提心也，若無此妙因終不能至無上大果義。

• 「住心品」云：「普賢是自證之德。」

• 密號：普賢金剛，真如金剛。

• 種子字𑖀𑖽

• 即遍一切處義。

• 即菩提心所起願行及身口意悉皆平等遍一切處。

• 胎藏時，普賢從中臺本有出東方發菩提心之時，一動見境發心，故證點也。

• 「廣大軌」云：「東南葉蓮華座觀𑖀𑖽字光輪轉成普賢身。」

東南方－普賢一切支分生真言

• 曩謨(皈命義)

• 三滿多(一切義)

• 母怛喃(諸佛義)

- 暗（一切諸法邊際不可得義。覺悟義也。）
- 惡（涅槃義。由斷二種障，證得四種圓寂。）
- 娑婆訶（成就義）

普賢菩薩真言

- 唵（皈命法報化三身）
- 三（佛部，諸法諦義）
- 摩（蓮華部，我不可得義）

• 耶(金剛部，乘不可得義)
• 薩都鏤(眾生與普賢入我我入義，定慧不二義)

弘法大師云：「三昧耶真言，唐翻平等攝持等義。言平等三平等，身語心三密平等故，亦名三部，三部者佛蓮金是也。此三部佛各具四種法身，如是諸尊平等無增減優劣之異。」

西南方—文殊師利菩薩

• 梵云文殊司利(定義)，亦曼殊司利(智慧義)也。故此菩薩具定慧二德。
• 「無垢稱經」云：「妙吉祥」

• 「大日經疏」云：「妙德」

• 「大日經」云：「聖者妙音尊」

• 「理趣經」云：「無戲論如來」

• 表佛大智慧祕妙吉祥之義。

• 「疏一」云：「妙吉祥菩薩者，妙謂佛無上慧，室利翻為吉祥。或云妙德，聲聞見佛性，猶如妙德等，亦云妙音，以大慈悲力故，演妙法音令一切聞故。」

• 文殊菩薩以般若為主，住於加持之身，現作嬰童之相未有分別，以表其深義。亦離於人法戲論，所以現嬰童相也。

• 經云：「凡一字文殊，五字文殊，六字文殊，八字文殊等有之。」

• 亦云：「或八字者八不正觀義也。八不者八字文殊，六不者六字文殊，五不者五字文殊，一不者一字文殊，依義立名也。」此說內証也，故說文殊之智德，經論不同也。

• 密號：般若金剛，吉祥金剛，大慧金剛，辯法金剛。

- 種子字
- 阿字覺悟智慧義。
- 阿字言語之始，諸法之根本也。

文殊師利菩薩真言

- 曩謨（皈命義）
- 三滿多（一切義）
- 母怛喃（諸佛義）
- 阿（種子字，行義）
- 吠娜（即具一切智也，謂已證之智義）
- 尾泥（即以此所具之慧，能慧他人義）
- 娑婆訶（成就義）

文殊菩薩種子字

- 「理趣釋」云：「𑖦𑖽字者吾我不可得義。我者有二種：一人我，二法我。」
- 又云：「𑖦𑖽字大日之種子，於無我中得大我也。」
- 亦云：「𑖦𑖽妙德一字真言，圓滿具足之義。」
- 「義釋二」云：「𑖦𑖽字一切諸法我不可得故，又是如意寶珠。」
- 「義釋五」云：「𑖦𑖽字是心義，名為大空，即以大空心自證真大空，故加圓點，此中無德不備，故名妙吉祥。」

文殊菩薩真言

- 唵（皈命法報化三身義）
- 阿（東方阿閦如來，主肝，地大，以一切法性無性故）
- 羅（南方寶生如來，主心，火大，以一切法無染著故）
- 波（西方阿彌陀如來，主肺，水大，勝義諦門不可得故）
- 舍（北方不空成就如來，主腎，風大，乃諸行清淨故）
- 那（中央大日如來，主脾，空大，名色性相不可得故）

文殊以般若為主，以般若授與一切眾生，故諸部般若皆此尊三昧法門也。

西北方－聖觀音／觀自在菩薩

聖觀音菩薩

• 軌云：「聖觀自在又聖觀音。」
• 俱舍云：「聖謂聖正也。」
• 聖觀音即觀音中根本總體，故正義也
• 「千手經疏」云：「觀者能觀之智，世音者所觀之境。」
• 經云：「羅什言觀世音，不空等言觀自在。」
• 「約如來之行」，故名菩薩。
• 「義釋七」云：「如觀自在菩薩，於一切法界門，以普眼遍觀而得自在。」
• 此尊以慈悲為本誓。

觀自在菩薩

•「法花經」云：「以何因緣名觀世音。無量衆生受諸苦惱，一心稱名，即時觀其音聲，皆得解脫。」

•觀自在者，由修習觀行故離垢染，即娑婆世界施無畏者，諸法得自在義也。

•密號：正法金剛、本淨金剛、清淨金剛、蓮花金剛。

•種子字

—言說以為體故。

—音聲皆得解脫義。

聖觀音菩薩真言

- 唵（皈命義，亦於一切法為最勝義）
- 阿（無生義，亦一切如來寂靜智義）
- 嚕（一切法遠離塵故）
- 哩（一切法相不可得故）
- 佉（作業義，即長養義）
- 娑婆（一切如來無等無言說義）
- 訶（一切如來無因寂靜，無住涅槃義）

觀世音世尊陀羅尼譯

• 曩謨（皈命義）
• 三滿多（一切義）
• 母怛喃（諸佛義）
• 佛馱達羅尼（無縛義）
• 三沒哩底縛羅（力義）
• 馱曩迦哩（作益義）
• 馱羅馱羅馱羅耶馱羅耶薩縛（自持持他持一切義）
• 婆誐縛底（世尊也）
• 啊迦羅縛底（即具形相者）
• 三摩曳（如上義）
• 娑婆訶（成就義）

東北方—彌勒菩薩

- 「法花疏二」云：「彌勒者，此云慈氏。」即若衆生見者即得慈心三昧。
- 經云：「迅疾持者，賢瓶名歟。執蓮花上置瓶，故名迅疾持彌勒。蓮華上在迅疾，迅疾者瓶入十地甘露智水灑行者頂。」即速縛惑障煩惱令成正覺，故持蓮華上瓶名迅疾持彌勒也。是以瓶事明鏡也。
- 經云：「彌勒大慈三昧勝一切如來，能令世間不斷佛家，德勝諸尊故云無能勝。」即以一切如來慈氏為體，相續方自證也，一切眾生必佛性慈氏相續方化他也。
- 又云：「慈氏菩薩者，為佛四無量心，今以慈為稱首。」

- 彌勒者，即大慈大悲義。俱是二句中義也。若慧而無思則方便不具，則不得成菩提，不具六度攝衆生也。
- 弘法大師釋云：「彌勒菩薩三摩地門，所謂大慈三昧。一切如來大慈無量，悉名彌勒。」
- 密號：迅疾金剛

• 種子字 

｜度未來衆生。

｜喻度生死大海。

彌勒菩薩真言

• 唵（皈命法報化三身義）

• 昧怛里也（慈氏義）

• 阿（大日義）

• 娑婆訶（成就義）

即慈氏大日一體也。

若有敬禮彌勒者，除却百億劫生死之罪。設不生天，未來世中龍華菩提樹下亦得值遇，發無上道心。

彌勒菩薩真言

- 曩謨（皈命義）
- 三滿多（一切義）
- 母怛喃（諸佛義）
- 摩訶（大義）
- 瑜誐（瑜伽義）
- 瑜儗你（未得令得義）

• 瑜詣詵縛唎（得自在義）
• 欠（空義）
• 惹唎計（引生義）
• 娑婆訶（成就義）

金剛界梵字之應用

金剛界梵字之應用

金剛頂經

• 中國所譯的《金剛頂經》有三本，即金剛智譯之《金剛頂瑜伽中略出念誦經》四卷，不空譯之《金剛頂一切如來真實攝大乘現證大教王經》三卷，施護譯之《一切如來真實攝大乘現證三昧大教王經》三十卷。為十八場處所說的雜成經典。將有關連性的儀軌、修道法等基本聖典，匯集為中心而組織結構，以形成合攝相當分量之經軌群，都是一般密教經典之流布狀態。

• 一切法都是「大毘盧遮那如來」的實相，是絕對者，亦是法身佛之功德相。

• 為要開啟這宇宙秘密的心塔之扉，非先打破迷執「個我」

為獨存性之物的妄見不可。打破妄執在《金剛頂略出經》中曰：「開心」，或云：「開心戶」。打破這層妄執，開放心戶，而貫通一切，無限絕對之靈的生命力才能流入。即以佛智之體驗為主故也。

《金剛頂經》系經軌，青即「阿閦如來」，黃即「寶生如來」，赤為「無量壽如來」，白是「大日如來」，黑是「不空成就如來」。

以此等之標幟，三昧耶形為對象觀境，去了解此佛菩薩之內證體驗，才能如實味得之把握之也。

五相成身觀的意義

• 五相成身者：

菩提心論云，

• 一是通達心，通者總通也，達者徹涉義也，故此法界體性智名通達心也。

• 二是菩提心，此名發菩提心眞言，亦名大圓鏡智。

• 三是金剛心，於心月輪令觀金剛故名金剛心也，此業障除滅義，亦云平等性智。

• 四是金剛身，以金剛身為本尊身，即以佛果配此金剛身也，亦是妙觀察智也。

• 五是證無上菩提，獲金剛堅固身也，是即取佛地他用究竟義邊也，此方便究竟智也。

- 金剛界云徹心明，亦名通達心無染心，觀金剛蓮華，金剛蓮華界，亦名普周法界觀身為本尊。

金剛界曼荼羅

- 金剛者，梵曰縛日羅。有二義：「一者堅固義，二者利用義。」亦有三義：「一者不可破壞義，二者寶中寶，三者戰具中勝。」
- 祕藏記曰：「金剛者智，界者身，持金剛者身。身即聚集義，言一身聚集無量身，又持義。」
- 「大日經疏第四」云：「夫曼荼羅者是發生義也，即名為發生諸佛曼荼羅也。」

• 兩部大法云：「金剛界曼荼羅正是如來為顯內證智，聚集自性眷屬之形也。」

• 如斯住於東西南北的金剛部，寶部，蓮華部，羯磨部之四部，以精神的而言，即大圓鏡智，平等性智，妙觀察智，成所作智，更以內容視之，即永遠、價值、聖愛、自由之四世界，綜合此等而溶融之以全一的一如而生者即所謂如來部，此即名法界體性智，為此全一世界之真正體性，與以如實地知見之境地故名者也。

• 此金剛界曼荼羅是象徵金剛不壞之永遠世界，同時用金剛杵圍繞此曼荼羅之各重。此即表現永遠不滅之金剛世界於如實故，此稱之謂五股金剛曼荼羅。此曼荼羅之中央畫有五股金剛杵為緣的大金剛輪，以其中之五個月輪表五解脫。

• 祕藏記云：「金剛界曼荼羅，從法界智流出四波羅蜜，三十七尊，賢劫十六菩薩，並外金剛部諸尊。」

• 亦云：「金剛智界顯現萬德且在西方。」

金剛界曼荼羅九會次第

• 金剛界曼荼羅九會者：

• 降三世三摩耶會

• 降三世羯磨會

• 理趣會

• 一印會

- 四印會
- 供養會
- 三昧耶會／微細會
- 羯磨會／三昧耶會
- 成身會／羯磨會
- 經云：「從因至果，從果向因之意有故。或抄中論成佛時，以降三世三昧耶會為第一；從本垂迹時，以成身會為第一，第九置降三世三昧耶會。」

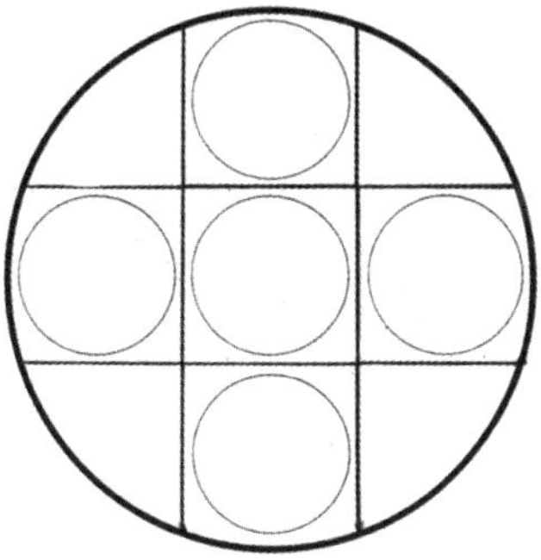

金剛界成身會五佛五輪

- 金剛者：智也。
- 界者：名為性，即是實性。又分種類之義。
- 成身會

—祕藏記云：金剛界根本一會

—亦云羯磨會。

● 淨月輪者

－ 金剛界諸尊坐內蓮花外月輪也。

－ 表真言門中之出纏位之始覺成佛淨相也。

● 五佛五輪

－ 五佛所住五月輪，以精神的而言，即大圓鏡智，平等性智，妙觀察智，成所作智及法界體性智，是五解脱輪也。

中央—毘盧遮那如來(金剛界大日如來)

- 毘者最高顯也。
- 盧遮那者廣眼也。
- 密號:大日金剛,又遍照金剛,又無障金剛
- 梵號:縛日囉(合二)馱都,或云毘輸馱達摩訶吠盧遮那薩怛他蘖多
- 金剛者梵曰縛曰羅,然此金剛有二義:一者堅固義,二者利用義。另云又有三義:一者不可破壞義,二者寶中寶義,三者戰具勝義。
- 界者名為性,分種類之義。又性者實性義。即如來性,經歷生死不改,是為性。
- 金剛者智也,界者理也,此理智不二義也。亦云金剛界

如來者即大日名號也。

- 金剛界即智法身之佛也，世間金剛堅固利用義。即自體堅固，不可破壞，故云堅固，能摧破一切物，故云利用也。生死海中沉輪三界無壞滅，能破一切煩惱，是故云金剛。界者體也，又性義，即智體也。
- 「教王經」云：「金剛如來」同疏云：「金剛界如來者，謂毘盧遮那如來」
- 毘盧遮那如來者，毘者最高顯義，盧遮那者廣眼義也，如來亦命名諸佛菩薩最上廣博清淨藏。毘盧遮那如來亦謂遍照王如來。
- 金剛界以五相成身為本體，轉九識成五智，毘盧遮那佛於內心證自受用四智，外令滿足十地菩薩他受用。

- 種子字
- 意金剛界以五相成身為本體。
- 方便義。
- 中央轉阿摩羅識成法界體性智，以大日為主，為此全一世界之真正體性，與以如實地知見之境地故名者也。

金剛界大日如來種子字

- 種子𑖪𑖽字，即𑖪字字體大日也。
- 自在點即衆生濟度之方便，表大自在也。
- 𑖪字門一切諸法有言有說義。
- 又字義者，若入𑖀字門一切言語不可得故。
- 種子𑖪𑖽字智也，此智即言說不可得智也。
- 又𑖪𑖽字為水大，即智水義。
- 又𑖪𑖽為劣慧說有相曼荼，今大日為勝慧依𑖪𑖽字字相說無相瑜伽故。

金剛界大日如來真言

- 唵（皈命法報化三身）
- 嚩日羅（金剛，象徵不壞）
- 馱都（界義，身義，體差別義）
- 鑁（種子字，金大日之聖語，水義，清淨之義）

金剛身者法佛身密，是金剛不壞，得名身由積聚立義。界者法界心界衆生界三種差別。

東方─阿閦如來

- 阿者不義，亦無義。閦者動義也。故此尊云無動佛，即不動也。亦即法身常住惠命也。
- 東方方初也。亦東方發菩提心方也，即不動煩惱無明當體，至不退堅固之菩提故，云不動也。
- 亦東方發菩提心，初發心時，即成正覺，不動生死而至涅槃。
- 「理趣釋」云，「時調伏難調釋迦牟尼如來」，乃金剛薩埵入阿閦佛降魔三昧，現降三世明王義。
- 密號：不動金剛，滿願金剛，怖畏金剛。

• 金剛界名阿閦佛，以阿閦佛為主（薩王愛喜為眷屬）。

• 種子字

• 表金剛部種子，表金剛乘中道理。空義，又損滅義也（有摧破用），又第八識能持智品，故識所持因，因有善惡，惡以金剛智破之，善持之令生長故，名如來藏。亦轉第八識（阿賴耶識）為大圓鏡智故。

• 大圓鏡智者，謂自他三密無有邊際，名之大也，具足不缺曰圓，實智高懸萬像影現鏡之喻也。

• 字者本有金剛性，自性所生障能斷之智體也。六大中以識大為總德，三密中以意密為主。理智不二中以不二為本。

阿閦如來真言

• 唵（皈命法報化三身）

• 阿（不義，無義）

• 乞蒭毘耶（動義）

• 吽（種子字阿閦如來之聖語，摧破義，纔發菩提心即坐菩提道場之義）

南方—寶生如來

• 寶生，亦生萬法，能生，故寶生。

• 「金剛明經」云寶相。金剛界名寶生尊。

• 「理趣經」云：「一切三界主如來。」是灌頂智佛故，輪王灌頂之義。一切三界主如來即寶生佛發菩提心，寶生佛之變化即是虛空藏菩薩。然寶生尊主其灌頂受職事業故以為異其名。

• 禮懺云：「福德莊嚴聚身寶生佛。」

・「青龍軌」云：「聖者從寶而生。」

・以寶勝如來居第一。

・密號：平等金剛，大福金剛，眾福金剛

・依果位萬德開敷之義。若約因位者，萬行花開之義也。

・南方德用也，亦平等性智用福德身，即先以布施退除慳貪故。

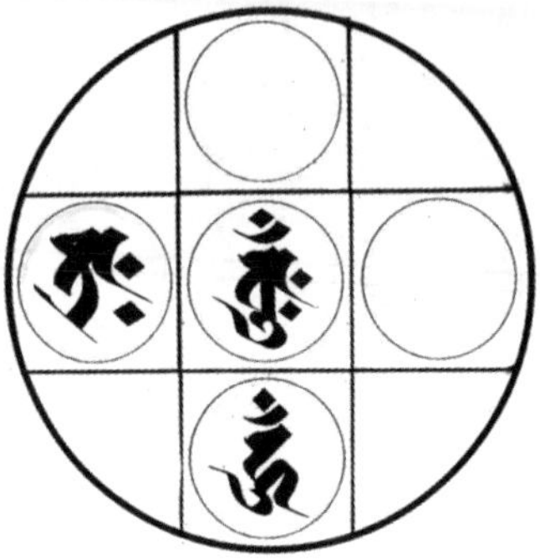

• 種子字

- 如如不可得義。即理如，智如和合故為如意寶珠種子也。
- 字具四字成一真言。如如不可得義，塵垢不可得義，寂靜不可得義，又修行義，遠離不可得義，又大涅槃義。
- 是寶部主故福德莊嚴佛。
- 成眾生福田，是號如意寶珠，又云應珠。
- 轉第七識（末那識）成平等性智（寶部）。

寶生如來真言

• 唵（皈命法報化三身）

• 囉怛曩（寶義）

• 三婆縛（生義）

• 怛洛

— 種字

— 如如不可得義。理如智如，此二和合故為如意寶珠種子也。

— 「野六帖」云：「如者不二異名也。」

西方—阿彌陀如來／觀自在王如來

阿彌陀如來者：

• 弘法大師云：「夫阿彌陀者，一佛名號，此者，空假中三諦，法報應三身也。此則九體阿彌陀，九品教主也。九體阿彌陀者，我心性未敷蓮花中住佛也。」

• 又云：「阿字滅無量罪，彌故得無量福，陀故三世常住也。」

• 亦云：「南無一身則三身，三身則九身，九身則三身，三身則一身，週遍法界阿彌陀如來影現我心法界宮，謂臨終正念往生也。」

• 「阿彌陀經」云：「彼佛何故號阿彌陀？光明無量照十方國無所障國。是故號阿彌陀。壽命及其人民無量無邊阿僧祇劫，以號阿彌陀，亦號無量壽。」

• 阿彌陀三字即三身如來功德也。阿者本不生義，報身智慧；彌者我不可得義，應身慈悲；陀者如如不可得義，法身如如常住也。

• 「阿彌陀」亦云「阿字」三世諸佛金剛不壞之身（胎藏界）；

「彌」字麼訶般若畢竟空理也（金剛界）；「陀」者如如義（理智不二）。

• 密號—清淨金剛，又云大悲金剛，又云壽命金剛。

• 種子字

• 字具四字成一真言。

• 字門者一切法恩不可得義；

- 字門者一切法離塵義，塵者所謂五塵（色聲香味觸），亦名能取所取二種執著；
- 字門者自在不可得義；
- 二點字義名為涅槃。即由覺悟諸法本不生故，二種執著皆遠離，證得法界清淨。
- 字亦云慚義，若具慚愧不為一切不善，即具一切無漏善法。是故蓮花部亦名法部。

阿彌陀如來真言

- 唵（皈命法報化三身義）
- 阿（本不生義－智慧）
- 蜜利（我不可得義－慈悲）

- 多(如如不可得義—法身如如常住)
- 帝(普賢行願義)
- 勢(生不可得義，不染淤泥義)
- 訶(行義，喜義)
- 羅(滅惡趣義)
- 吽(即証菩提心義—纔發菩提心即坐菩提道場，轉正法輪，由此相應，此真言一字則能證悟一切佛法，念念證悟佛法之時，具薩婆若智，直至究竟坐金剛座)

觀自在王如來者：

- 是為觀世自在者，是初入蓮花三昧之異名。亦即阿彌陀如來之異名。同是蓮花部尊故。經云：「因緣塵相自性清淨，泥中蓮花以表也。」
- 密號：清淨金剛。又云大悲金剛（離煩惱）。又云壽命金剛。
- 理趣釋云：「得自性清淨法性如來」者，是觀自在王如來異名。則此佛名無量壽。

觀自在王／阿彌陀如來真言

- 唵（皈命法報化三身）

- 嚕計（世也）
- 濕縛羅（自在義）
- 囉惹（王義）
- 紇哩
  - 種字
  - 清淨無塵義
  - 為蓮花部主義

為蓮花部主，轉第六識成妙觀察智，即透過真言密教之觀想法去透視之能觀之智，即妙觀察智。妙觀察智者，即五眼高臨，邪正不謬。

北方—不空成就如來

- 不空者，即隨一切眾生所有見聞觸知無空過者，作業不唐捐義。
- 成就者，即隨喜彼善願皆能滿足。
- 經云：「金界不空成就，胎界天鼓雷音佛。」
- 又云：「釋迦牟尼者即此不空見之身。」
- 「普賢經」云：「釋迦牟尼名毘盧遮那遍一切處，其佛住名常寂光。」
- 「理趣經」云：「時調伏難調釋迦牟尼如來。」釋迦乃五濁惡世之能化，能伏難調之佛故此說之。
- 北方統東南西三種為第四，供養功德大如虛空，故攝三身義也。

• 密號：悉地金剛，成就金剛，業用金剛

• 種子字

－ 遠離不可得義。

－ 北方轉前五識成成所作智即羯磨部，以不空成就佛為主，金剛業，金剛護，金剛牙，金剛權為眷屬。

—是內證外用橫竪自在義也。

—亦轉前五識為成所作智，即羯磨部故

不空成就如來真言

• 唵(皈命法報化三身)

• 阿目伽(不空義)

• 悉弟(成就義)

• 惡

• 𑖀𑖾 種字

• 涅槃義。遠離不可得故。

• 即萬德圓滿，無住處涅槃體，作佛事業。

諸尊梵字之應用

諸尊梵字之應用

釋迦如來

• 名稱解釋：「釋迦牟尼」此翻能仁寂默。釋迦者能仁也，能仁者姓也，是先祖氏也。佛為彼裔，故云釋迦，即淨飯王御子也。牟尼者寂靜義，身口意寂靜故稱牟尼。

•「疏十二」云：「牟尼者寂默義也。常寂之土微妙寂絕幽深玄遠，不可以言説云：如是法界寂然大滅度法，唯佛一人究竟清淨，故名牟尼也。」

• 釋迦乃五濁惡世之能化，能伏難調之佛故此説之。「菩提心論」云：「一切眾生本有薩埵，為貪瞋痴等煩惱之所縛故，今降三毒現降三世之身也。」

• 密號：不動金剛、寂靜金剛、悉地金剛、成就金剛、業用金剛

釋迦如來真言

• 曩謨三滿多母怛喃（皈命一切諸佛義）

• 哈古（胎藏界初門釋迦如來種子義）

• 種子字 

• 是依胎藏界初門之釋迦也，即東方因曼荼羅方也。

• 「疏十三」云：「是有義，即三有也。以本不生故即離三有，三有合本來不可得義也。除此三有而得如來真實之有，謂諸佛法身也。」

• 同疏云：「是三有義，傍有二點，即是除遣三有義也。」

藥師如來

- 「藥師」者，由本願大悲力，為衆生煩惱病與法藥也。發菩提心勤精進，得福智莊嚴身，內外清淨如明珠，故名瑠璃光。「如來」者，即乘如實道無虛妄，真實無去來，常住不變也。
- 「藥師經疏」云：「拔除生死之病故名藥師，照度三有之闇稱琉璃光，乘如實道來成正覺，故名如來也。」
- 密號：不動金剛，福聚金剛

- 種子字：
- 佩字者二字合成也。
- 字體有不可得義。
- 三昧點自在不可得義也。
- 有者，即三有眾生四大鬼業之病也。
- 此藥者，以理智教三藥除滅四大鬼病業病三種病苦也，理智教三藥者，身口意之三密也。

藥師十二大願

• 此佛發十二大願度一切眾生，疏云：「願雖十二，而不過上求下化。初二願中通上求下化，第三願後唯有下化。」

• 第一大願：願我來世得阿耨多羅三藐三菩提時，自身光明熾然，照曜無量無數無邊世界，以三十二大丈夫相，八十隨形，莊嚴其身，令一切有情如我無異。

• 第二大願：願我來世得菩提時，身如琉璃，內外明徹，淨無瑕穢，光明廣大，功德巍巍，身善安住，焰網莊嚴，過於日月，幽冥眾生，悉蒙開曉，隨意所趣，作諸事業。

• 第三大願：願我來世得菩提時，以無量無邊智慧方便，令諸有情皆得無盡所受用物，莫令眾生有所乏少。

• 第四大願：願我來世得菩提時，若諸有情行邪道者，悉令安住菩提道中，若行聲聞獨覺乘者，皆以大乘而安立之。

• 第五大願：願我來世得菩提時，若有無量無邊有情，於我法中修行梵行，一切皆令得不缺戒，具三聚戒，設有毀犯，聞我名已，還得清淨，不墮惡趣。

• 第六大願：願我來世得菩提時，若諸有情，其身下劣，諸根不具，醜陋頑愚，盲聾瘖瘂，攣躄背僂，白癩癲狂，種種病苦，聞我名已，一切皆得端正黠慧，諸根完具，無諸疾苦。

• 第七大願：願我來世得菩提時，若諸有情，眾病逼切，無救無歸，無醫無藥，無親無家，貧窮多苦，我之名號一經其耳，眾病悉除，身心安樂，家屬資具，悉皆豐足，乃至證得無上菩提。

● 第八大願：願我來世得菩提時，若有女人，為女百惡之所逼惱，極生厭離，願捨女身，聞我名已，一切皆得轉女成男，具丈夫相，乃至證得無上菩提。

● 第九大願：願我來世得菩提時，令諸有情出魔羂網，解脫一切，外道纏縛，若墮種種惡見稠林，皆當引攝置於正見，漸令修習諸菩薩行，速證無上正等菩提。

● 第十大願：願我來世得菩提時，若諸有情王法所加，縛錄鞭撻，繫閉牢獄，或當刑戮，及餘無量災難陵辱，悲愁煎逼，身心受苦，若聞我名，以我福德威神力故，皆得解脫一切憂苦。

- 第十一大願：願我來世得菩提時，若諸有情飢渴所惱，為求食故。造諸惡業，得聞我名，專念受持，我當先以上妙飲食，飽足其身，後以法味，畢竟安樂而建立之。
- 第十二大願：願我來世得菩提時，若諸有情，貧無衣服。蚊蝱寒熱，晝夜逼惱，若聞我名，專念受持，如其所好，即得種種上妙衣服，亦得一切寶莊嚴具，華鬘塗香，鼓樂眾伎，隨心所翫，皆令滿足。

藥師如來真言

- 唵（如來無見頂相義，歸命義，歸命如來頂相也）
- 佩刹蒠耶（如藥義，即藥治業病，亦觀念善根藥，即意密也）
- 佩刹蒠耶（如藥義，即藥治鬼病，亦呪藥，即語密也）
- 佩刹蒠野（如藥義，即藥治四大病，亦醫藥，即身密也）
- 三沒里蘖帝（上勝自度他度義）
- 莎婆訶（速疾義，驚覺義）

金剛薩埵

● 「金剛」者，表所證法不可毀壞故。

● 「薩埵」即本有大菩提心也，論說法爾應住普賢大菩提心一切衆生本有薩埵義也。

● 金剛薩埵三摩地，名為一切諸佛法。

● 大日受法樂後，即金剛薩埵身住，即是他受用身，是平等性智也。

● 「教王經」名金剛手菩薩。「略出經」名執金剛菩薩。

● 金剛部阿閦佛為主，薩，王，愛，喜為眷屬。

金剛薩埵真言

- 唵(皈命法報化三身)
- 縛日羅(金剛)
- 薩怛縛(薩埵)
- 惡(種子)
- 字是涅槃義，即涅槃真實心故能成就身意金剛悉地也。即四智圓滿之種子也。

金剛寶菩薩

- 「教王經」云：「如來先入金剛善菩薩三摩地，又入寶灌頂三摩地智。」
- 「教王疏」云：「若祕明義者是金剛寶也，莊嚴如來故如來獲加持眾生，故眾生離苦。」
- 密號：大寶如意庫藏菩薩，虛空藏菩薩
- 未灌頂之位名虛空藏，已灌頂之後號金剛寶。

金剛寶菩薩真言

• 唵(皈命法報化三身)
• 縛日羅(金剛)
• 囉怛曩(寶義)
• 唵(如如義，修得因也)

即南方寶是第七識轉平等性智，內證真如，自他平等，境智平等故如如。

大勢至菩薩

- 「佛說觀無量壽佛經」云：「但見此菩薩一毛孔光，即見十方無量諸佛淨妙光明，是故號此菩薩名無邊光，以智惠光普照一切，令離三途得無上力，是故號此菩薩名大勢至。」
- 常阿彌陀三尊時，觀音左，勢至右。是觀音大慈故表定德左也，勢至大智故右也。
- 密教不爾，右觀音左勢至也。是勢至在左表定德，觀音在右顯智德，此理智不二法性總體阿彌陀也。
- 密號：持寶金剛，持光金剛，持輪金剛，轉法輪金剛，空生金剛。

大勢至菩薩種子字

種子者能生義。從一字能生多故名種子也。

• 種子

• 即大勢至聖號。

• 是不動義，傍加兩點同於涅槃，即堅住義。

• 此勢即是位也。

已離二障同於大空，堅住此位如諸佛住，即是大勢位也。

大勢至菩薩真言

● 唵（皈命法報化三身）
● 參（諸漏即大空義）
● 滲滲（生義，二重義。所以有二重者，上是煩惱障生，次是所知障生，上有點是空義，謂除二障得大空也）
● 索（不動義，堅住義）
● 娑婆訶（成就義）

虛空藏菩薩

・虛空者，不可破壞，一切無能勝者故。又藏者，如入大寶藏，施所欲者，自在取之，不受貧乏。

・又即此藏能生一切佛事也。亦即是大悲胎藏，能長養成就菩提之心也。即知諸佛境界畢境清淨猶如虛空，是故普門曼荼羅皆悉離一切相，唯是心佛自證，又如虛空正以無所有故，無所不有也。

・又云，虛空藏、地藏，此兩尊同一體也，地藏義胎藏界曼荼羅，虛空藏義金剛界曼荼羅，即一体也。

• 經云：「虛空藏名有二義，一依事，從虛空中雨無量珍寶也；二就理，我身即是空，以虛空證知一切法為虛空印。」

• 虛空藏大菩薩者，福德之聚無邊無際，猶如虛空。又三輪清淨，如若虛空離垢染，故曰虛空。所言藏者，略有三義，謂一者能藏為藏，二者所藏名藏，三者能生名藏。

• 又云虛空藏者大日如來福智門也，以第一義空為庫藏，納福智之二種珍寶，施與一切眾生故，成就佛境界莊嚴。

• 密號：金剛寶菩薩，如意金剛，庫藏金剛，富貴金剛，無盡金剛。

虛空藏菩薩種子字

• 種子字：𑖝𑖿𑖨𑖯𑖾

• 𑖝𑖿𑖨𑖯𑖾字具四字成一種子字：

－ 𑖝如如不可得義，

－ 𑖨塵垢不可得義，

－ 𑖁寂靜不可得義，又修行義。

－ 𑖀𑖾遠離不可得義，又大涅槃義。

即以真如法界為體，故云虛空藏。

又以南方福北方德相應，遍虛空藏義。

虛空藏菩薩真言

• 曩莫（皈命義）
• 阿迦奢（虛空義）
• 迦羅縛耶（藏義）
• 唵（三身義－法報化）
• 摩哩（寶珠－智慧）
• 伽摩哩（蓮花－慈悲）
• 冒哩（無垢義，光明義）
• 娑婆訶（成就義）

求聞持軌云：「若能常誦此陀羅尼者，從無垢來五無間等一切罪障皆消滅，常得一切諸佛菩薩共所護念。」

地藏菩薩

- 地者生萬物，藏者收眾寶之義。以福德智慧二德施於眾生。
- 以修法而言：地是菩薩之心地，藏是無盡三昧藏。
- 又地者通心地，藏者無盡藏識，令眾生開顯成種智，衆生藏識地獄種，故云地獄不空誓不成佛。
- 密號：悲願金剛，悲愍金剛，與願金剛。

- 種子字 
- 字，行義，喜義。
- 因業義，今三乘因業也。聲聞緣覺菩薩之因。皆本尊之德行。
- 此字入阿字門即此三行本來不生，由本不生故即越此三行。是為佛行也。
- 或云萬行萬善皆悉為地藏功德法門，謂地藏者大地也，萬法由他生出故為諸因，字為地藏種子，此時於諸佛菩薩，雖有大悲萬行之願，因以地藏為本，乃至非情草木之功德皆地藏之訶字之因。

地藏菩薩真言

- 唵（皈命法報化三身）
- 訶訶訶（行義，喜義）
- 尾三摩曳（奇哉怪哉義）
- 娑婆訶（成就）

如意輪觀音菩薩

- 經云：「如意輪者，一切願自在成就，此大日舌變化即語也。」軌云：「如意輪。」又云：「如意輪蓮花寶王，又真多菩薩，無障礙觀自在。」
- 今此尊者，以六臂廣博之體，普利六道大悲深重尊也。亦即胎藏大日全體也。
- 如意輪觀音者，聖觀音入寶部三摩地。如意者是無上貴寶也。即如意寶者於能念眾生滅重惑業障，隨所願事一一與寶也。又一切福智皆在實相寶中。輪者羯磨事業。即轉法輪也。輪者摧破義。即摧破一切眾生惡業煩惱之苦輪，具足一切諸佛萬德莊嚴，無有缺減故，此名如意輪也。
- 密號：持寶金剛。

如意輪觀音菩薩六臂義

- 右第一思惟手，即修無垢三昧，能救濟地獄道受苦眾生義。
- 右第二持如意寶珠手，即修心樂三昧雨寶能救餓鬼道飢饉苦義。
- 右第三持念珠手，即修不退三昧能度畜生鞭撻苦義。
- 左第一按光明山手，即修歡喜三昧能度阿修羅鬪諍苦義。
- 左第二持蓮花手，即修日光等三昧教化人道義。
- 左第三持金輪手，即修不動三昧等三昧能破天道有義。
- 即以六臂廣博之身，遍遊六道，以大悲方便，斷一切有情之苦也。

如意輪觀音種子字

- 種子字：𑖝𑖿𑖨𑖯𑖾 𑖮𑖿𑖨𑖱𑖾 𑖝𑖿𑖨𑖯𑖾
- 三種子字：

— 中𑖮𑖿𑖨𑖱𑖾字蓮花部種子觀音。

— 左右二𑖝𑖿𑖨𑖯𑖾字，右寶珠種子，即如意是福也。左輪種子，即智也。故具足如意輪觀音三義。雖福智別，能生如如，如如理是一，故是同字也。輪摧破義，故此智輪即摧破無福業，故實一致也。

— 又此三字即三密也。左𑖝𑖿𑖨𑖯𑖾身，右𑖝𑖿𑖨𑖯𑖾語，𑖮𑖿𑖨𑖱𑖾意也。

— 又𑖮𑖿𑖨𑖱𑖾所居土，即自性華臺，是胎藏也。二𑖝𑖿𑖨𑖯𑖾兩部所成能居實體也。

如意輪觀音真言

- 唵(即觀音頂戴彌陀三身義，又皈命法報化三身)
- 鉢納銘(即聖觀自在菩薩，於八葉蓮花上，放光明照觸一切有情，使自身三業六根得清淨義，又所持蓮花—慈悲)
- 新多牟尼(即如意寶義，獲得長命富饒聰慧世間及出世間福德，又所持如意寶—寶珠義，能滿眾生願故)
- 入嚩羅(所按光明山—熾然義，光明照曜遍十方虛空法界故)
- 吽(所持輪轉或摧破義，一切法無因義，亦云菩提道場故—四魔現前則入大慈三摩地，降伏四魔故則成正覺，四魔者，謂蘊魔，煩惱魔，死魔，天魔，悉自降伏)

此真言是即如意寶珠也，流放千光明曜十方世界，出生無邊七寶，隨一切有情願，圓滿眾生諸願也。

不動明王

- 不動常住火生三昧燒盡一切眾生煩惱業，與護摩法義相應故為本尊，是成定不動尊也。
- 「底哩三昧經」云，不動者菩提心大寂淨之義，爾是菩提心不須動方名不動，間不動可訓之。又不者阿字不生義，動者訶字風動義云云。此時不也動也可讀之。
- 又所謂不動者常無相法身，以本願力故於無相中現此青黑忿怒之相，降伏大三千界主，斷根本無明形也。又云不動理智不二義也，本覺名不，始覺號動。

• 教令輪者，教者承義，令者敕義，輪者摧破義也。
• 梵號：阿利也遮羅曩馱
• 密號：常住金剛

不動明王種子字

• 種子𑖮𑖯𑖽
• 𑖮𑖯𑖽字訶是行義，又有阿聲是怖魔障。
• 𑖮𑖯𑖽字亦為劍種子，謂智劍義。
• 又即風輪義。
• 能摧破一切衆生惡業煩惱。
• 又謂一切諸法因緣所生行。
• 能摧破怨敵魔緣等，又摧破一切衆生惡業煩惱，故用彼風輪𑖮𑖯𑖽字也。

不動明王真言

- 曩莫三滿多縛日羅段（皈命普遍金剛衆）
- 先跢（極惡義）
- 摩訶盧遮馱（大忿怒義）
- 莎哈達耶（破壞義）
- 吽（恐怖義）
- 怛羅跢（堅住義）
- 吭（摧破義）
- 曼（大空義—即淨菩提心）

仁王軌云：「依教令輪現作不動金剛，摧伏一切鬼魅諸障惱者，令調伏故。」

降三世明王

• 「疏十」云：「為降伏世界難調衆生故，即降三世明王是也。所謂三世者，世名貪瞋痴，降此三毒名降三世。」

• 又云：「由過去貪故，今受此貪報之身，復生貪業，受未來報，三毒皆爾，名為降三世也。」

• 經云：「以降伏為三摩地。」

• 「檜尾口決」云：「言降三世尊者，意云大自在天為三界之主，深有我慢，為障其我慢故，自大日如來心中生降三世尊，降伏其自在天者，故云降三世。」

降三世明王種子字

- 忿怒尊通用種子也。即降伏義也。
- 「理趣釋」云：「由貪瞋癡為因，受三界中流轉，若以理趣相應，則滅三界輪迴因。」
- 此忿怒是金剛部所攝，無明乃胎藏之理德，未調伏即成三界迷惑，調伏故無明實性即佛性。
- —即是真實心。本有金剛種子。因義，謂菩提心為因。即一切如來菩提心。
- 乃四字合成：東方菩提心，南方修行門，西方菩提門，北方涅槃門之証理，圓點半月共在字圓空之代表字。

降三世明王真言

- 唵（皈命法報化三身）
- 桑婆你（勝三世義）
- 桑婆吽（悉地義）
- 誐哩喊馱（攝伏義）
- 誐哩喊馱（極執義）
- 吽誐哩喊馱巴耶吽（佈畏難義）
- 阿曩耶（不遠欲義）
- 斛（不自專義）
- 吧誐鑁（能破）
- 縛曰羅（金剛）
- 吽發吒（折破）

大孔雀明王

大孔雀明王名字義

- 梵號：
- 密號：佛母金剛、又云護世金剛。
- 音義云：「唐云佛母大孔雀明王經。」
- 梵云：
  - 沒馱此云覺者。
  - 摩多此云母。
  - 摩訶此云大，又云勝，亦云多。
  - 摩喻利此云孔雀，是鳥能瞰一切惡草一切惡蟲，消其毒勝諸鳥故。

－尾爾耶羅若此云明王。

－蘇多覽此云經。

大孔雀明王三昧耶義

● 四臂事

1. 持蓮花手，表大悲，即敬愛義。
2. 持具緣果手，表惡也，毒也，降伏義也，即調伏義。
3. 持吉祥果手，表善義，亦增益義也。亦此石榴云子滿果，長增益相應也。
4. 持孔雀尾手，孔雀尾拂障難故息災義也。三五莖孔雀尾者，三五表少少義也。

大孔雀明王功能義

● 能滅一切諸毒怖畏災惱，攝受覆育一切有情，獲得安樂令得安隱，所有苦惱皆得消除。

● 阿難陀此真言，能滅一切惡毒，能除一切毒類，佛母大孔雀明王力，能除一切諸毒令毒入地，令我及諸眷屬皆得安隱，阿難陀復有一切毒類，汝應稱彼名字，如是等一切諸毒，願皆除滅令我及諸眷屬，悉除諸毒獲得安隱，壽命百年願見百秋。

● 或被他人厭禱呪術蠱魅，惡法之類，飲他血髓，變人驅役，呼召鬼神，造諸惡業惡食惡吐惡影惡視惡跳惡驀，或造厭書或惡冒逆，作如是惡事欲相惱亂者，此佛母明王擁護彼人并諸眷屬，如是諸惡不能為害。

• 又復一切瘧病四百四病，或常熱病偏邪病癭病，鬼神壯熱風黃痰癊，或三集病飲食不消，頭痛半痛眼耳鼻痛，脣口頰痛牙齒舌痛，及咽喉痛胸脅背痛，心痛肚痛腰痛腹痛髀痛膝痛，或四肢痛隱密處痛遍身疼痛，如是過患悉皆除滅。

大孔雀明王種子字

種子 𑖦

- 以𑖦字為種子者，即普門六大法界體上塵塵諸法互相涉入加持成就諸法也，此法本初不生常住之故，取彼義今用也。
- 又𑖦字乘義，即從無常轉變之近運載法身常住之遠，萬法本來法界，何尊即普門總體也。

大孔雀明王真言

- 唵(皈命法報化三身義)
- 摩臾羅(孔雀義)
- 訖蘭帝(不能超，強力，英勇，勝利義)
- 娑婆訶(成就義)

阿難陀此真言，能滅一切惡毒，能除一切毒類，佛力除毒，菩薩摩訶薩力除毒，獨覺力除毒，阿羅漢力除毒，三果四向聖力除毒，實語者力除毒，梵王杖力除毒，帝釋金剛杵力除毒，吠率怒輪力除毒，火天燒力除毒，水天羂索力除毒，阿蘇羅幻士力除毒，龍王明力除毒，嚕捺囉三戟叉力除毒，塞騫那爍底力除毒，佛母大孔雀明王力，能除一切諸毒令毒入地，令我（某甲）及諸眷屬皆得安隱…壽命百年願見百秋。

諸經梵字應用

諸經梵字應用

般若心經

• 此經在佛教諸經中的地位是相當高超的。所謂「大般若經」六百卷的精髓，也就是智慧之經。

• 「般若波羅蜜多心經」是唐朝「玄奘法師」所翻的經題。真言宗研究的是姚秦時代的「鳩摩羅什」法師所翻的心經，經題是「佛說摩訶般若波羅蜜多心經」，經題有「佛說摩訶」四字，經中「遠離一切顛倒夢想」多二字「一切」。經後多四字「般若心經」之功能句。

• 經文一般都分為三段，起初先說序文，然後說正宗文，後說流通文。這部心經省略了序文及流通文，與普通之經文不同。

• 今此般若心經者，法性顯相分萬德一門也，顯法名般若心經，顯尊號般若菩薩。

般若心經經題簡說

• 佛說－佛陀說，佛陀所說的道理。
• 摩訶－最大、最多、最勝，最多義。
• 般若－智慧、定慧義。
• 波羅蜜多－到彼岸義。佛是雙足尊，自利利他義。
• 心－心之內容。三界唯心，萬法唯識。理智不二。
• 經－貫攝之義。即經者是常是法是徑。

佛說摩訶般若波羅蜜多心經

「般若心經」經題梵字解說

「般若心經秘鍵」云：

• 佛字圓滿覺者之名
• 說字即開悟密藏施甘露之稱
• 摩訶字者大多勝三義
• 般若字約定慧樹名義
• 波羅蜜多字所作已辦為號
• 心字據處中表義

𑖭𑖠𑖨𑖿𑖦𑖢𑖲𑖜𑖿𑖚𑖨𑖱𑖎𑖭𑖳𑖝𑖿𑖨

- 經𑖭𑖳𑖝𑖿𑖨字貫線攝持等顯字義

妙法蓮華經

「妙法蓮華經」經題

- 「妙法蓮華經」者，梵語曰：「薩達麼浮陀利迦蘇多覽。」
- 今經題梵文九字即胎藏之內八葉九尊義。
- 𑖭妙義，即不可思議教義，開觀音種字，亦諸法諦義。
- 𑖠𑖨𑖿𑖦法義，即十界，十如，權實法理也。亦法界義
- 𑖢𑖲𑖜𑖿𑖚蓮義，即開悟義，破魔義。
- 𑖨𑖱𑖎華義，即果義，入義，亦阿賴耶識義。
- 𑖭𑖳𑖝𑖿𑖨經義，即正教總名義，諸法如義，三世不改義。

東寺云：本門胎藏界，迹門金剛界。

「妙法蓮華經」種子字

種子字

• 字者，有不可得義。

• 涅槃點者遠離義也，謂遠離世界一切有，令同法性平等一理意也。

妙法蓮華經真言字輪觀

- 「大日經疏」云：「釋𑖀字有五義，一者𑖀菩提心，二者𑖁菩提行，三者𑖀𑖽證菩提義，四者𑖀𑖾般涅槃義，五者𑖁𑖽𑖾具足方便智義。」
- 以「開，示，悟，入」四佛知見理為法華迹門體，言之具足成就第五𑖁𑖽𑖾字，即具足方便義。
- 此知見道遍照如來內證法也，此功德體同遍法界，故名無所不至大日如來也。

天部梵字之應用

天部梵字之應用

天部修持意譯

• 經云：「世人皆思天部為世福修法也。」

• 又云：「天部總有三品悉地：所謂第一無上菩提，第二智慧，第三福德。」即天部福德為面，無上菩提為裏也，共是出離生死要法也。

• 第一譯：「十界各俱權實故，佛果所具畜類為本尊。」

• 淺略譯：「十界悉皆佛果所變也，故以畜類為本尊。」

• 深密釋：「大日遍照十界者，皆是佛功德故，以天部等為本尊也。」

毘沙門天

毘沙門天源起

- 毘沙門者梵語也，即「吠室羅摩那也」，吠翻毘也，室羅翻沙也，摩那翻摩也，讀之摩即大返故，即具足門字也。依之吠室羅摩那，翻作毘沙門也。
- 「法花義疏十二」云：「毘沙門者北方天也，此云多聞，恒護如來道場，常聞說法，故云多聞。」
- 仁海厚雙紙云：「多聞者，智慧故；持國者，護持國土；增長者，增長國土；廣目者，目醜故。」
- 羅什三藏翻云種種聞，是多聞義也。故唐代諸師皆云多聞天也。

・「祕密藏王呪經」云：「毘沙門天王護世者。」

・金經云：「水精埵王，或云名邊天。」

・又經云：「守護童子毘沙門，又云自然毘沙門等。」

毘沙門天尊名

・毘沙門者梵語也：咪(反)，毘也。室囉(反)，沙也。摩拏(反)，門也。相通之故。

・毘：救也。沙：貧也。門：人也。故救貧人也。

・毘沙門者，乃大日乘普現三昧力，化降伏忿怒之色身，勝藏外部也。

三昧耶形

• 寶棒事－此尊帶甲冑現瞋怒之形故，彼棒頭安一顆之寶珠，故云寶棒。

• 塔事－經云：此尊以塔為三形，為祕也。塔內安寶珠，棒上置寶珠，是定惠兩寶也。

• 「毘沙門功德經第四」云：「毘沙門天王名字得無量福德，於一切世間無喻。」

種子字𑖪𑖽

• 𑖪：言語道斷義也。

• 如來不說法者，乃名具足多聞。

• 𑖪字亦金剛界大日種子，故𑖪字字體大日𑖪𑖽字也。

毘沙門天真言

• 唵(無頂無見義)

• 咪(無言無説義)

• 室囉(一切大吉祥義)

• 摩(無我無他義)

• 拏(無我無敵義)

• 耶(無乘無載義)

• 娑婆訶(成就義)

毘沙門天功德

●「毘沙門天王經」云（不空譯）：

「毘沙門加持　遠離諸厄難
藥叉將衛護　常隨受持者
若能持是教　諸願悉成就
迅疾如射箭　諸王敬彼人
所求皆成就　獲得無盡藏」

●即若人尊重心愛敬此教法，於諸有情起慈悲念，勿生瞋誑諂害之心，應當求成就，決定無有疑。

辨才天

尊名

- 「疏五」云：「蘇羅蘇縛帝譯云妙音樂天，或曰辨才天。」
- 「青龍軌」云：「辨才即妙音，即深入清淨妙法音，演出解脱聲。」
- 「義釋七」云：「是諸天中歌詠美音者也。」
- 經云：「辨才天法功能尤為福德，就增益修之。」

三昧耶形

- 琵琶者，悦衆心義也。
- 「義釋」意云：「厭世無常過患令同心也。」
- 著青色蠶衣，即花體也。即種種妙德以嚴身。

種子字 

- 字，妙義也。
- 「疏十」云：「以初蘇字為體，是堅義也。」
- 即能以金剛唸誦，令一切眾生感悟三界無常，無有堅位，勤修法成堅固身。

辨才天真言

• 曩謨三滿多母怛喃（皈命一切諸佛義）

• 蘇（妙義，堅義）

• 羅蘇縛帝曳（即美音名也）

• 娑婆訶（成就義）

大黑天

尊名

• 摩訶迦羅此云大黑。疏云大黑神。

• 「仁王經疏」云：「言摩訶者，此翻云大；言迦羅者，云黑天也。」

- 「理趣釋」云：「七母女天者摩訶迦羅天眷屬也。」
- 深祕現無明黑暗之體，利益生死長夜迷亂之眾生，大悲至極遮那(毘盧遮那如來)化身也。恭敬供養人所求必滿足也。

三昧耶形

- 袋：袋者大黑所持物也。即以大空為袋，此大空法界內無不攝萬法，故隨所求施眾生也。
- 槌：「青龍軌」云：「七母三昧拳抽空竪槌印於心」即大黑天右手執槌，是七母女天圍繞表八供養之義也。亦「即理趣釋」云：「以事顯理也」。

種子字

- 字，吾我義。吾我有為福，我執大空也。
- 吾我義，即我主宰自在為義故，相應北方一切義成就輪，能滿足佛菩薩位及世間榮位豐財伏藏等希求也。

大黑天真言

- 唵(皈命法報化三身)
- 摩訶(大義，無盡義)
- 迦羅(即黑天也，於黑夜中成最正覺)
- 耶(等取義，是諸天各舉主等取眷屬之義)
- 娑婆訶(成就義)

大黑天功德

• 軌云：「若人三年專心供者，吾必此來供人，授與世間富，乃至官爵職祿應憔悉與。」

• 又云：「吾咒，若人常持念，四季大備飾饍酒羹飲食乃至百味，決定與富。」

• 「義釋七」云：「黑夜悔冥，是一切鬼物魑魅所行之處也。諸生靈等多懷恐怖衰惱之時，獨此天於黑夜中威勢自在，而能理其眷屬，不令非法損惱世間。」

荼吉尼天

・緣起：過去日月燈明佛時，南方有古吒山，其山人民一萬三千七百五十八人也。其時大聖文殊如來教勅，行彼教化之。今吒天，子孫眷屬是也。

・名字事：荼吉尼，或名吒枳尼，或拏吉尼者，百界千如三千世界也。亦號真荼摩尼珠。欲界凡夫者，以貪欲為體，仍施寶，成本尊。

・又云：「弘法大師以如意寶珠，被納於稻荷峯。依此義也。」

・經云：「此天大聖文殊化現也。以文殊法花教主習時，配當本迹二門。迹門明法開會。故諸法實相，萬法令歸不變一理。故十如實相中，以本末究竟，今吒天習也。」

- 又御釋云：「此天眷屬中云一萬三千者，即三世界。世間者七分覺也，五十者五道衆生，八人者八大文殊也。」
- 經云：「此天本誓云：欲臨終時，我行彼所食肝屍，故得臨終正念。若我不食肝者，不得正念云云。」
- 又云：「此天能延六月祕事也。此天奪一切眾生精氣，摩訶迦羅天降伏之，除奪精鬼難，仍臨終正念也。」
- 私云：「以文殊不生智，令噉食迷妄八分為表此事。又此天令食肝花，所詮金剛智體胎藏八葉受用也。」

荼吉尼天真言

- 曩謨（皈命義）
- 紇哩（離因無垢義，上有三昧義）
- 訶（因義，傍點亦忿怒義也）
- 娑婆訶（登畢竟空大虛義）

吉祥天

• 梵號：室利或摩訶室利那曳

• 經云：「摩訶即大也。室利有二義：功德吉祥也。」

• 「義釋三」曰：「吉祥天女，舊譯云功德天女。」

• 又經云：「此天住福德莊嚴教法門，攝一切法，而以功德為首，故云功德天。」

• 同十二云：「衆善功德具足無缺，即吉祥義也。」

• 「十一面經」云：「一切吉祥，一切能生故出生萬物事，是增益至極本尊。」

• 又云：「此天女與毘沙門天夫婦義，是表兩部不二，理智一體也。」

吉祥天源起

• 最勝王經伽陀云：「吉祥天女，諸佛母，堅牢地神不動心。」地神者，地大是，即萬法出生故母義也。故實仁云：「功德天付地天行之」

• 又云：「吉祥天寶菩薩也。」兼意云：「吒囉佉天，漢云寶藏天，即吉祥天也。」

• 經云：「吉祥天女觀音示現也。」

• 其故六集功德本起經云：「吉祥天女，父輪頭檀王，母名法界摩那。」

• 齊餘本頂經云：「吉祥天女，父頂多聞天王，母陰具大女。然此菩薩八地，坐以大願力故成天女形。」抄云：「若人供養此菩薩令蒙福智，故名福分天女。」

• 又云：「吉祥天女者，吉祥摩尼寶生如來也。」

• 「俱舍論光師疏第五」云：「吉祥黑耳姊妹二人，桓相隨逐。」又云：「吉祥天成吉，大覺體。黑耳成凶，無明體也。」

• 「天女念誦法」云：「聖觀世音示現天女形，曰吉祥天。」

• 「大吉祥天女十二名號經」云：「此天女有十二名號，即所謂吉慶，吉祥蓮華，嚴飾，具財，白色，大名稱，蓮華眼，大光曜，施食者，施飲者，寶光，大吉祥，是為十二名號。」

吉祥天尊形

• 「毘法門天王經」云：「吉祥天女身長二尺五寸，頭作花冠，身著紫袍，金烏靴，右手把蓮花，左手把如意寶珠。」

• 「絹索經十一」云：「功德天像，半跏趺座，手執蓮花，衣服環釧，七寶瓔珞莊嚴。」

• 「曼荼羅大吉祥天女念誦法」云：「須做像用美木，其形像左持寶珠，右與願印，身白色，如十五歲女，以種種天衣微妙莊嚴。」

• 經云：「大吉祥天女菩薩身，種種瓔珞環釧耳璫，天衣寶冠，以為莊嚴。左手持於青色如意寶珠當心，右作與願印，頂背圓光，身光微妙如百寶花座。」

吉祥天功德

- 「毘法門天王經」云：「假使有日月，從空墮於地，或大地傾覆，設有如是事，持此明悉成，不應生少疑，除不至心者，若能持是教，諸願悉成就，迅疾如箭射，獲得無盡藏，千俱胝藥叉，衛護持誦者，能滿諸勝願，解脫諸惡趣，獲得大智慧。」
- 「百八名經」云：「增益一切財穀，能除貧窮，能攝召一切天龍，能息一切逼惱諍訟戰鬥，能成菩提六波羅蜜。」
- 經云：「若有人知此大吉祥天女名號，能受持讀誦修習供養，為他人宣說，能除一切貧窮業障，獲大富貴豐饒財寶。」
- 又云：「大吉祥天女，汝當於吉祥寶莊嚴世界，成等正覺，號吉祥摩尼寶生如來，其世界種種天寶以為莊嚴。」

吉祥天種子字

- 種子字 
- 取真言中字為種子。
- 翻吉祥，亦如意寶珠之名也。
- 輪圓具足義。

- 三字合成
-  本性寂不可得義，亦法身也。
-  離塵不可得義，亦報身也。
-  自在不可得義，亦除一切災禍義，亦化身也。

吉祥天真言

- 唵（皈命法報化三身）
- 摩訶（大義，無盡義）
- 室利曳（即輪圓具足義，亦如意寶珠之名）
- 娑婆訶（成就義）

聖天

- 梵云：毘那夜迦，又云毘那怛迦，亦云誐那鉢底
- 亦云：聖天，歡喜天

• 四部法云：「有山名毘那夜迦山，此云象頭山，又云障礙山，其中多有毘那夜迦，其主名歡喜。與眷屬無量衆，但受大自在勅，欲往世界，奪衆生氣而作障難，是魔醯首羅未歸佛法時也。」

• 「形像品儀軌」云：「此天聖天王大自在天變化自在身」。

• 故祕法云：「六道自在故名聖天，智慧自在故名大自在。」

• 又聖天者光明義，天亦自在義也。

• 「傳受集」云：「聖天大自在天眷屬也。」

• 「理趣釋」云：「魔醯首羅等憍佚我慢，妄自恃具一切智。」

• 歡喜天者，「使呪經」云：「我言歡者佛心也，喜者七寶主也。」

• 雙身毘那夜迦王者，雙身故成就敬愛義也。

聖天種子字

種子

- 兩種子字，兩天種子也。
- 字行不可得義。字遠離義。涅槃點是惡行即遠離之義也。
- 兩種子字表二實像，故種字重舉也。
- 尋此實即權，謂佛菩薩為降伏諸懈怠故現此身也，於諸法有障難從懈怠故。又權即依實，是故一字重稱也。

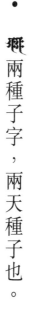

焰魔天

焰魔天名字解釋

梵號：「焰魔羅惹」
- 「護摩軌」云：「焰魔天」
- 「略出經」云：「琰魔王」
- 「安鎮軌」云：「焰魔羅天」
- 「尊聖軌」云：「閻羅王」等等
- 「六般羅蜜經疏三」云：「閻魔羅者，舊閻羅王也。」
- 「大集經」云：「地藏菩薩為閻魔王也。」
- 「義釋五」云：「住無縛三昧，以理除眾縛，不以非法義。」
- 「藥師經疏」云：「琰魔王者，是梵語，唐言靜色王。」

- 「演密鈔九」云：「閻摩梵語，此名平等，亦名殺者，今俱取之，即平等殺也。」
- 「樓炭經」云：「一切星宿皆琰魔王子也。」

焰魔天種子字

種子

- 字乘不可得義也。
- 「疏十九」云：「乘謂三乘，若有所乘即有所得也。」

• 「同十八」云：「𑖨字乘，乘此如如乘進行者，即去成正覺也。此乘不可得𑖨字上加空點，即進佛果證大空三昧，故加證菩提點也。」

• 又云：「此天第八識之心王，彼八識染淨含藏之故，染淨即不二，凡聖一如故，是自性空點也。」

焰魔天真言(1)

• 曩謨（皈命義）

• 三滿多（一切義）

• 母怛喃（諸佛義）

• 焰魔耶（焰魔王義）

• 娑婆訶（成就義）

即以本名為真言也。凡焰魔天者，第八識所變之體，此識染淨真妄總體也。

焰魔天真言(2)

- 曩謨(皈命義)
- 三滿多(一切義)
- 母怛喃(諸佛義)
- 毘縛(堅固住義，亦是除諸縛也)
- 娑縛(諦義，亦如如義)
- 路也(乘義，乘此如如去至法王位也)
- 娑婆訶(成就義)

即此真言能住無縛三昧，能解眾生縛，不以非法治罪福，無錯謬，離言絕戲論，乘如法王位，生死中自在也。

摩利支天

- 名字事：「摩利支，釋云威光。」
- 「摩利支菩薩經」云：「世尊告苾芻言，有一菩薩名摩利支，彼菩薩恒在日月前，彼日月不能見菩薩。」
- 又云，此天名大日天之光明，成摩利支者，故此天又名威光天也。
- 或云，摩利支（定），日天子（慧），即一切眾生之父母義。
- 種子𑖦，吾我不可得義。亦大空義。

• 尊形：

• 「摩利支菩薩經」云：「摩利支身如黃金色，作童女相，披天衣，執蓮花，寶塔莊嚴。」

• 本抄云，似天女形，左手屈臂向上，手腕當左乳前作拳，拳中把天扇。

• 惠什云，有三面八臂立像，豬上半月，其上二蓮，兩足踏之。

摩利支天功德

• 「摩利支天經」云：「佛告諸苾芻，若有人知彼摩利支天名，常憶念者，不可見，亦不可知，亦不可捉，亦不可縛，亦不可害，亦不可欺誑，亦不為人債其財物，亦不為人所責罰，亦不為怨家能得其便。」

• 又云：「佛告苾芻，我為當來惡世苦難恐怖有情，略說摩利支天法，此菩薩有大悲願，常於苦難恐怖處護諸有情，令天龍鬼神人及非人怨家惡獸無能為害，汝當受持廣宣流布，饒益有情。」

• 「集經十」云：「若有人能書寫，讀誦受持之者，若著衣中隨身而行，一切諸惡悉皆退散，無敢當者。」

摩利支天真言

- 唵（皈命法報化三身）
- 摩羅支（威光義）
- 曳（部類義）
- 娑婆訶（成就義）

火天

• 觀內護摩釋云：「火者毘盧遮那內證智，天者自在義。」

• 護摩軌云：「火天四臂，右手施無畏，第二手持珠，左手持仙杖，第二手執軍持。」

• 經云：「四臂配四種法，施無畏手表息災義，數珠手表悲智敬愛義，仙杖手表增益義，軍持手表智調伏也。」

• 又疏云：「在熖火圓火中，此是普門之一身；示此大慧火壇，修行梵行之標幟也。」

火天種子字真言

- 唵（皈命法報化三身義）
- 阿誐曩曳（火義）
- 扇底迦（息災義）
- 娑婆訶（成就義）

種子：𑖀

大疏云：「此中以最初阿字為種子，以一切諸法本不生故。即同金剛智體義。」

北斗諸星

北斗諸星緣起

• 「屬星祭祕法」云:「昔劫初未顯日月星宿位,人有光。飛行自在,減劫末人有貪慾,身暉銷滅,世暗。本地菩薩憶念過去,發弘願為饒益一切有情,變化日月五星二十八宿,遍照四方黑暗。」

• 弘法大師云:「南斗隨運,北極不移。」

• 「護摩祕要」云:「北斗七星者,日月五星之精也。囊括七曜,照臨八方,耀於天神,下直于人間以司善惡而分禍福,群生所朝宗萬靈所俯仰。若有人能禮供養長壽福貴。不信敬者運命不久。」又云:「是故如來為末世簿福短命夭死眾生故,沒是一字頂輪王召北斗七星供養護摩之儀則。」

北斗

• 北斗者：
• 當閻浮提空北住故云北，斗七星連形似斗。是養生器物也。又此北斗五行精也。即從天下養五臟成五穀，此穀器物即斗也。

北斗七星

北斗七星者，
• 第一貪狼星曰精，
• 第二巨門星月精，
• 第三祿存星火精，
• 第四文曲星水精，
• 第五廉貞星土精，

- 第六武曲星木精，
- 第七破軍星金精。

七曜九曜

- 「宿曜經」云：「七曜者，日月火水木金土也，能司善惡而生吉凶。」
- 「大疏四」云：「日喻本淨菩提心，月喻菩提之行，土曜持中胎藏，水持右方蓮花眷屬，金持左方金剛眷屬，木持上方如來果德，火持下方大力諸明。」
- 九曜又云九執。「大疏四」云：「諸執者有九種，即日月火水木金土七曜及與羅睺計都合為九執。羅睺是交會蝕神，計都正翻為旗，旗星謂彗星也。」

- 「大疏七」云：「九執者，執持不可得義也。」又云：「凡九曜者，九識智光也。」即斷妄執故改曜字名執，能治智號曜，望所斷名執也。

十二宮

- 經云：「十二宮者，七曜行度之宮殿也。是人之月神，名本命宮。」
- 又云：「是世間悉地今生利益也。」
- 亦云：「今深祕義門醒一切眾生三毒酷醉，令遊四德之宮義也。此十二宮於東西南北各有三宮，是四方配四德，隨其德表三毒也。」

二十八宿

• 「大佛頂經第七」云：「是娑婆世界有八萬四千災變惡星，二十八大惡星而為上首，復有八大惡星，以為其主，作種種形出現於世，能生種種災。」

• 「孔雀經」云：「宿有二十八，四方谷居七。」

• 「宿曜經史瑤本」云：「唐用二十八宿，西國除星宿。」

• 「僧侶疏」云：「此間二十八宿中唯無牛宿，此星宿牛宿之相違也。」

無量星宿

- 經云：「一切星宿即彼部類眷屬也。」
- 又云：「皆是金輪外現外儀，最雖似世間利益，內證內德殊兼出世益。」
- 亦云：「此等諸星表示八萬四塵勞能治，金輪萬德加持三昧，皆一種善知識門也。」

諸星通用種子字

- 字諸星通用種子也。
- 凡諸星以光明為體，其光明自字生故。
- 「悉地儀軌」云：「金玉珍寶，日月星辰，火珠光明從字成。」
- 又字塵垢義。即第八識淨空有染淨二法。故修此法即成淨法。
- 點流不可得義也，是於濟度利生未來流轉。

七曜十二宮神九執真言

- 曩謨（皈命義）
- 三滿多（普遍義）
- 母怛喃（諸佛義）
- 蘖囉醯（行也，垢因義）
- 濕縛哩也（自在義）
- 鉢羅鉢多（得義）
- 孺底（明也，諸曜義）
- 麼野（性也，於明性中而得自在義）
- 娑婆訶（成就義）

北斗本尊

- 「小野僧正抄」云：「北斗七星者，即妙見菩薩。」
- 「心覺抄」云：「一切日月星宿者即文殊變。」
- 「宿曜儀軌」云：「日月星宿皆虛空藏所變也。」
- 經云：「星宿天仙皆十地菩薩方便化現。」
- 「金剛頂經」云：「自佛眼毛孔生金輪，自金輪毛孔生七曜。」
- 經云：「大日金輪所變成釋迦金輪，釋迦金輪入北斗三摩地。」
- 「彌勒經疏」云：「菩薩現天神化邪見衆生。」
- 「大疏第四」云：「復次如是執曜即是漫荼羅中一種善知識門，彼諸本尊即能順世間事業作加持方便。以阿闍黎善擇吉祥時，故與彼真言本誓，法爾相應為作加持，得離諸障也。」

金輪王

- 經云：「凡日月諸星旨出生金輪毛孔，故金輪淨菩提心體也。」
- 「菩提心輪」云：「一切有情於心質中有一分淨性，眾行皆備，其體極微妙皎然明白，乃至輪迴六趣亦不變易。」
- 慈覺大師「一念頌決」云：「萬法是真如，由不變故。真如是萬法，由隨緣故。」
- 傳教云：「不變真如凝然常住，隨緣真如緣起常住。」
- 又云：「金輪心王，諸星心數也。心王心數即眾生心王心數也。」
- 經云：「今此金輪釋迦金輪，乃胎藏界大日，北斗七星等本地也。」此表八智，其八智德普照八方，北斗等之諸星所仰人間也。

釋迦金輪

釋迦金輪種子字

• 釋迦是人天能化故，眾星上首用釋迦金輪也。

• 凡中臺淨法界宮大日，為九界衆生憐憫成釋迦如來，滅後變字利五濁惡世眾生，是即金輪佛頂也。一切諸星從金輪毛孔出生故顯七星等。

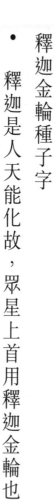

• 𑖥𑖿𑖨𑗂𑖽四字合成也：

• 𑖥字金輪自性本覺功德義。

• 𑖨字離塵染不可得義。

• 𑖌字捐減不可得義。亦摧破義。

• 𑖦字邊際不可得義。亦大空智圓滿義也。

十二宮

獅子宮

• 名稱：此尊屬貪狼星，正月或六月，大陽位，屬日輪，其形者師子走，形師子獸王也。成菩提抄云：「大陽位，其神如師子，故名師子宮。」又名帝王宮，陰尊宮。石山七集云：「師子，梵云僧伽，亦云絲呵。」

•「宿曜經」云：「第一宮師子宮，主加官得財。」又云：「師子者表瞋，是獸中王故有我慢心也。」

•「疏一」云：「師子者即是勇健菩提心。」

獅子宮與性格

•「宿曜經上」云：「師子宮主加官得財，若人生屬此宮者，法合足精神富貴孝順，合掌軍旅之任。」

•「文殊軌一四」云：「若於師子宮合於星宿張宿，及得太陽值日生者，此人有大勇猛復貪肉食，亦復於深山險難之處得為其王亦獲自在。」

•「支論經」云：「於師子宮當太陽直在星宿、張宿、翼宿各一分。此日男女生者，為性急躁舉措多瞋，生二三子每所憐愛過於己命。雖豐財寶心常知足，好樂供養一切聖賢，為人不拘散誕，自足偏好食肉亦好食魚。」

- 屬於師子宮的人，極為喜愛孩子，偏愛肉食，處事急躁是其缺點，同時也比較貪生怕死。凡本命宮為師子宮，在月曜日出生者，表示是將才，前途不可限量。

獅子宮真言

- 曩莫（皈命義）
- 絲訶（師子義）
- 婆多（主義）
- 曳（乘義）
- 娑婆訶（成就義）

種字，從字顯諦理事易了義。

小女宮

- 小女宮者，又名十二眷屬女宮，處女宮，又云女宮，雙女宮，屬七曜中巨門星，五行中屬水。十二神中戌神，七月也。
- 「全真梵唐語」云：「處女，梵語雜名云迦爾也。」
- 「宿曜經」云：「第二宮其神如女，故名女宮。」
- 「成菩提抄」云：「辰星位，正其神如女。」又云：「女者表貪，亦我慢義也。」

小女宮與性格

- 「宿曜經上」云：「女宮主妻妾婦人。若人生屬此宮者，法合難得心腹多男女足錢財，合掌宮房之任。」
- 「文殊軌一四」云：「若於女宮生合於翼宿及軫宿者，此人有勇猛好為盜心，亦得為王或得軍主。若依此宮生者，及得木星合或木為本命者為最上。」
- 「文論經」云：「若雙女宮當水曜，其日男女生者，猴面廣目肋下有黶人見敬愛，樂法愛香華。」
- 屬於小女宮的人，陰險優柔，胸襟不夠開闊，沈默寡言。因此，適擔任管理，或教育女性的工作。雖然不缺少錢財，但體弱多病，最容易患眼疾，三十歲時有死亡之災，如能躲過災難，就能富貴長壽。

小女宮真言

- 曩莫(皈命義)
- 迦爾也(小女義)
- 婆多(主義)
- 曳(乘義)
- 娑婆訶(成就義)

種字，離作業故。

女作業，成義也。

秤量宮

- 名稱：秤量宮者，又名定宮，禪宮，天秤座，執秤宮。
- 七集云：「秤宮梵云：兜羅」
- 「宿曜經」云：「第三宮，其神秤，故名秤宮，主寶庫。」屬酉神，金位，三月或八月。
- 「成菩提抄」云：「此東方三類準淨三毒也。是淨菩提心發生初門也。彼秤度量器，知相秤還表愚癡。」
- 此尊本誓一切衆生作業分齊有輕重，為令知之以秤為名也。亦為知迷本性用秤也。

秤量宮與性格

- 「宿曜經上」云：「秤宮主寶庫，若人生屬此宮者，法合心直平正信敬多財，合掌庫藏之任。」
- 「文殊軌一四」云：「若於秤宮合於角，亢，氐宿者，此之生人注短仁義此宮非善者。若得月照及得金土同此宿分生者，又在夜初分生者，或得為王有富貴。若人生時不定或不貴者，為性貪愛亦多瞋怒。」
- 「支論經」云：「天秤宮當金曜，其日男女生者，為人孝順福祿自如，稟性急躁多有瞋怒。然識見明達審察微，復有氣義又能剛忍長於親友。滑稽好色多遊外國。」
- 屬於秤量宮的人，為人正直謹慎，適於管理財政的工作。出生於金、土曜的人雖然富貴自在，但二十二歲左右，有厄難，應該要特別謹慎。

秤量宮真言

・曩莫（皈命義）
・兜羅（秤量義）
・婆多（主義）
・曳（乘義）
・娑婆訶（成就義）

蝎蟲宮

• 名稱：「又覆宮，蝎宮，又名天蝎座。」梵語雜名云：「蝎沒哩（二合）室制（二合）迦」

• 「宿曜經」云：「第四宮，其神如蝎，故名蝎宮，蝎蟲形也。」又云：「蝎宮主禁病尅身。」屬申神，火位，四月或九月。

• 「成菩提抄」云：「熒惑位，其神如蝎。」

蝎蟲宮與性格

• 「宿曜經上」云：「蝎宮主禁病尅身，若人生屬此宮者，法合多病薄相惡心妬忌，合掌病患之任。」

• 「文殊軌一四」云：「若人生於蠍宮合房宿、心宿、尾宿生者，又得火星為本命，此人主慈心學業成就，復多勇猛不怖危難能忍勞苦。若得於日中時生者或得為王，於大戰陣決定得勝。」

• 「文論經」云：「天蠍宮當火曜，其日男女生者合主利根，所學易成，為人氣義，雖豐財寶或聚或散。」

• 本命宮是蝎宮的人，薄命多病，適合做醫療方面的工作。這種人不但嫉妒心强，同時也喜歡陷害別人，應該好好修養，學習寬容別人的風範。若在火曜日中出生，運勢旺盛且事事順利。

蝎蟲宮真言

・曩莫（皈命義）
・毘利奢迦（蝎蟲宮義）
・婆多（主義）
・曳（乘義）
・娑婆訶（成就義）

蟲類者一生間形變異者也，故遷變沈沒為種子而已。

弓宮

- 名稱：「又稱人馬伴宮，彀宮，摩宮，人馬座等等。」
- 「宿曜經」云：「第五宮，其神如弓，名弓宮。主喜慶得財。」梵云：「馱尼。」又云：「檀尼毗。」
- 「祕藏記」曰：「弓宮神持弓箭。」又抄云：「五行中主木，十二神中未神、十二月中十月。」
- 經云：「持弓箭故衆生迷，定慧二法沈沒苦海，為救之持弓箭，即此為名。」

弓宮與性格

• 「宿曜經上」云：「弓宮主喜得財，若人生屬此宮，法合多計策足心謀，合掌將相之任。」

• 「文殊軌一四」云：「若人生於人馬宮合箕宿斗宿生者，及得木為本命，若人於午後及夜分生者，或求王位必破自族然後得成。當在中年而得富貴，雖得富貴須在小處。」

• 「支論經」云：「人馬宮當木曜，其日男女生者，合主身相端嚴兼有福贓。稟性柔善持戒堅固，凡所言說悉務真實。足智慧好論議，一生之中常處大富。」

• 屬於弓宮的人，擅長於計策，適於任將相的職位。屬於尾、箕宿，在木曜的午夜或夜晚生的人最理想。唯一可惜的是，必須斷絕自己的親族才可飛黃騰達，因此，心中時常感到孤獨寂寞。

弓宮真言

• 曩莫（皈命義）
• 馱尾（弓宮義）
• 婆多（主義）
• 曳（乘義）
• 娑婆訶（成就義）

字種字，表定慧二法遍法界故。

摩竭宮

● 名稱：「或云巨元龜宮，直宮，羝羊宮，山羊座。」月藏經云：「摩伽羅」又云：「摩竭神。」「孔雀經」云：「摩竭梁，本云鯨。」屬七曜中土曜，十二神中午神，五行中屬土，十一月也。

● 「宿曜經」云：「第六宮，其神如摩竭，故名摩竭宮，主鬪諍。」

● 「梵語集」云：「摩竭魚亦摩伽羅，此云鯨魚。」

● 「成菩提抄」云：「鎮星位，其神如魔王主鬪諍。」

● 又云：「此摩竭魚表瞋相，是呑瞰惑業義也。」

摩竭宮與性格

- 「宿曜經上」云：「摩竭宮主鬪諍。若人生屬此宮者，法合心麤五逆不敬妻子，合掌刑殺之任。」
- 「文殊軌一四」云：「若生於摩竭宮合於牛宿，女宿生者，及得土為本命，又或得在初夜早晨生者，又更別有大吉星曜同照臨者當得王位。或得王位合在水國，而為其主，然長壽能忍勞苦。」
- 「支論經」云：「摩竭宮當土曜，其日男女生者，身相端直隱處有黶。為性褊急常多瞋怒，然有氣義智慧不群，全忠孝多朋友。心勇猛樂鬪戰，愛歌舞好技術。」
- 屬於摩竭宮的人，生性冷嚴，適合擔任司法官的工作。據說，在土曜夜晚出生的人，面相較好，可成能領袖。

摩竭宮真言

- 曩莫（皈命義）
- 摩伽羅（摩竭義）
- 婆多（主義）
- 曳（乘義）
- 娑婆訶（成就義）

字種字，表吾我故。即如來大慈悲勢大力威德，吞瞰瞋惑業義。

寶瓶宮

- 名稱：「寶瓶宮，亦名賢瓶宮，又名水瓶座，亦名持甕宮，梵云瞿摩多，又云鳩槃，又云囉怛那合二迦羅迦補羅。」
- 十二神中巳神，五行中土位，十二月也。
- 此神形如瓶，其瓶口出三莖蓮花，故名寶瓶宮也。尊形無，只有瓶形，以三形為名。
- 「宿曜經」云：「瓶宮主勝德之事。」

寶瓶宮與性格

• 「宿曜經上」云：「瓶宮主勝強之事。若人生屬此宮者，法合行好行忠信足學問富貴，合掌學鎮之任。」

• 「文殊軌一四」云：「若人於寶瓶宮生，合於虛宿，危宿生者，又得土為本命，此人若得生於夜分及早晨時，又得月或金星臨照者，是人得惡業清淨有大智慧，富貴自在受用快樂，如是星躍逆倒所臨照人得貧病苦惱。」

• 「支論經」云：「寶瓶宮男女生者合主大富常受快樂，各有眷屬亦多奴僕，而於父母志切孝養。凡事明察所為長久，性不慳吝唯好布施，所聚財物亦有破散。」

• 屬於寶瓶宮的人，忠信好學，因而有盛名。在土曜的夜晚或早晨出生的人，必登榮位且富貴自在。

寶瓶宮真言

- 曩莫（皈命義）
- 鳩槃（寶瓶義）
- 婆多（主義）
- 曳（乘義）
- 娑婆訶（成就義）

種子字

此天以水為三形之體，水能成萬法作業義。

雙魚宮

• 名稱：「雙魚宮，又名二魚宮，雙魚座，亦名鮫魚宮，又名禍害宮，梵云毘那，又云彌那，亦云摩娑娜尾底麼補羅。」

• 十二神中辰神，五行中木位，正月也。

• 此神形以二魚為三形，以形顯名。二魚定慧也。即木此因緣和合能結枝葉花果，定慧和合因緣事法成就也。

• 「宿曜經」云：「魚宮主加官益職。」

雙魚宮與性格

- 「宿曜經上」云：「魚宮主加官益職，若人生屬此宮者，法合作將相無失脫，有學問貴勝忠直，合掌史館之任。」
- 「文殊軌一四」云：「若人生雙魚宮合室宿、畢宿、奎宿生者，又得金為本命，又在夜半及日中時，或過中少分已來生者，及得金星及別吉曜同照臨者，法合梵行清淨有大智慧，具最上善知法吉祥。」
- 「支論經」云：「其日男女生者，稟性急躁常多憎怒，有筋力貨肉食復好食魚，然好布施及供養賢聖，愛香華好技術，貪著美色亦為女妬。」
- 本命宮是魚宮的人，精勵恪勤，少過失，適合做修史秘書的工作。

雙魚宮真言

- 曩莫（皈命義）
- 彌那（雙魚義）
- 婆多（主義）
- 曳（乘義）
- 娑婆訶（成就義）

種子字

此天以二魚為三形之體，即二德既分，自他吾我自在也。

白羊宮

- 名稱：「羊宮，白羊座，成乾宮，梵云迷沙，即羊神，亦白羊，又云吠沙，亦云彌沙，又云迷沙補羅，梵號謎沙。」
- 十二神中卯神，五行中火位，二月，第九宮也。
- 此神形如羊，故名羊宮，臥白羊少企膝，第九宮。
- 羊是西方三類準樂三毒也，以微樂思樂，凡夫愚癡也。
- 彼屠所羊以飼肥為樂也，表癡義也。

「宿曜經」云：「羊宮主是人事。」

白羊宮與性格

• 「宿曜經上」云：「主兩足人事，若人生屬此宮者，法合多福德少病長壽又能忍辱，合掌厨膳之任。」

• 「文殊軌一四」云：「於羊宮合於婁宿，胃宿，此等諸宿有力，最宜貨易財寶豐溢，若彼具足遇者得富貴自在。若生時見日作紅色及大地紅色，刹那瞬息之間彼有重德。」

• 「支論經」云：「其日生者相貌端嚴身服細妙，孝於父母敬事尊長，多眷屬饒僕從。具勇猛有精神，有大福德不奈飢寒。樂於法知慚愧好布施心堅固，言行真實見解明了，合得君王愛重眾人欽仰。」

• 屬於羊宮的人，健康長壽，能忍辱，有殖產之才，適於商賈。

白羊宮真言

- 曩莫（皈命義）
- 彌沙（白羊義）
- 婆多（主義）
- 曳（乘義）
- 娑婆訶（成就義）

種子字

種子所斷煩惱，破衆生痴闇，故吾我智為種。

牛密宮

• 名稱：「又牛宮，青牛宮，最尊宮，密牛宮，金牛座，梵云：母黑（合二）沙，又云：毘梨沙。玄法儀軌云：牛密，牛梵名云例娜，水牛梵名云麼哂沙，月藏經云：毗利沙，亦云牛神。」十二神中寅神，五行中金位，三月，第十宮也。

• 其神如牛故名牛宮也，牛形有，土精也。圖云：赤黃色牛。牛表瞋，是富家牛以飽食思樂。

• 「宿曜經」云：「牛宮主四足畜牧之事。」

牛密宮與性格

- 「宿曜經上」云：「牛宮主四足畜牧之事，若人生屬此宮者，法合多口福足親友，長壽得人貴敬，合掌廐牧之任。」
- 「文殊軌一四」云：「生於牛宮合於昴宿，畢宿，此為上宮吉星所照。須臾之間而彼衆生生者，得富貴吉祥忍辱具足。長壽多子豐饒財寶，復得為君主。此之生人作成就法，於須臾間而知善惡。」
- 「支論經」云：「金牛宮當金曜，其日男女生者相貌端嚴，身分長細面有星黶。合主大富常受快樂，多饒眷屬亦多奴僕。有精神善工巧見識明了，所作堅固好樂布施。」
- 屬於牛宮者，這種人富厚長壽，人人尊該，不但眷屬多，而且奴僕亦不少，適各從事農業畜牧。容易患呼吸氣管方面的疾病，不能不謹慎。

牛密宮真言

• 曩莫（皈命義）
• 毘梨沙（牛義）
• 婆多（主義）
• 曳（乘義）
• 娑婆訶（成就義）

種子字

種字金依水顯其體故也，相義。

男女宮

- 又雙子宮，男女宮，夫妻宮，鴛鴦宮，陰陽宮。其神如夫婦，故名夫妻宮也。儀軌云：「婦天」。五大院云：「婦女神護，是十二宮中夫婦宮也。」
- 「按月藏經」云：「夫婦宮名彌偷那。」七集云：「夫妻，梵云尾陀那，又云彌偷那。」
- 十二神中丑神，五行中水位，四月，第十一宮也。圖云：夫婦宮肉色男女形。
- 夫妻表貪愛，世人以夫婦為樂也。
- 「宿曜經」云：「夫妻宮主子孫事。」

男女宮與性格

- 「宿曜經上」云：「夫妻宮主子孫之事，若人生屬此宮者，法合多妻妾得人愛敬，合掌户籥之任。」
- 「文殊軌一四」云：「於陰陽宮生，今於觜宿直日，又與觜宿，參宿，井宿合日生者，此人癡愚善惡不分，好樂女人復多邪染。受身黑色或復紫色，然不慳恪好大捨財。」
- 「支論經」云：「陰陽宮當水曜，其日男女生者，稟性柔善身相端正，所言真實談對辯捷，於其交友分義長遠。偏好香華貪愛食味，稟性滑稽厚於女色，目覩美麗神魂如失。於諸幻術見者愛樂，於成就法修習必得。」
- 屬於夫妻宮者，很得衆人的敬愛，適於任財政或秘書的職務。因生性淫亂，所以要時常反省。在土曜的日中或半夜出生的人，大富自在。

男女宮真言

- 曩莫（皈命義）
- 彌陀那（夫婦義）
- 婆多（主義）
- 曳（乘義）
- 娑婆訶（成就義）

種子字

種子字，即如來智水無我中大我故，彼大我自在故，即此水定慧不二智水故云夫婦宮。

螃蟹宮

• 螃蟹宮者，或翻宮，陰尊宮，巨蟹座。梵語雜名云：「蟹，迦羅迦（二合）吒迦宮補羅」，七集云：「螃蟹宮，梵號摩訶迦羅迦吒迦補羅」，諸說不同云：螃蟹。

• 其神如蟹故名蟹宮。

• 十二神中子神，五行中水位，五月，第十二宮也。

• 「成菩提抄」云：太陰位月天子居神如蟹。圖云：「赤黑色也」。

• 此南方三類，准我三毒也。蟹表癡，依愚癡亡命。

• 「宿曜經」云：「蟹宮，主官府口舌。」

螃蟹宮與性格

- 「宿曜經上」云：「蟹宮主官府口舌，若人生屬此宮者，法合惡性欺誑聰明而不壽，合掌獄訟之任。」
- 「文殊軌一四」云：「於蟹宮合鬼宿，柳宿生者，此所生人而有尊重是第一生處，若得夜半時生是最上人。此人受身金色或紫色，清淨吉祥殊妙有異兼有大智。」
- 「支論經」云：「於巨蟹宮當太陰，其日男女生者，身份長細稟性柔善，有智慧能忍事，孝順父母最得父母憐愛。」

・屬於蟹宮的人，除惡短命，適合擔任司法官之職。

螃蟹宮真言

・曩莫（皈命義）

・羯羅迦吒迦（蟹義）

・婆多（主義，王也）

・曳（乘義）

・娑婆訶（成就義）

種子字

種子字，即離作業故義。此宮神以水為所居，其形如名，彼本誓以行得覺定慧方隨所用行也。

其他應用

其他應用

淨三業

• 法身有定慧二邊，以水喻之，澄淨是定，照一切色相是慧。

• 水澄淨而照色相。然願行風起波浪，波浪即作聲。

• 此真言有二義：

• 自他三業本來清淨故。

• 吾三業本來清淨遍法界，他眾生三業本來清淨遍法界，我三業與他眾生三業不相障礙遍法界義。

• 言淨三業者，即思惟觀察一切有情本性清淨，為諸客塵之所覆敝，不悟真理。是故說此三密加持，能加持自他，皆得清淨。

淨三業真言

- 唵（皈命法報化三身）
- 娑縛漢縛（自性）
- 秫馱（清淨自也）
- 薩縛（一切）
- 達磨（諸法）
- 娑縛漢縛秫度吭（如上他也）

斷淨三業所犯十惡，即成清淨內心澡浴。

佛部

・次佛部三昧耶乃至福慧增長。

・佛部者先得佛果者義觀一切如來遍滿虛空，顯加持我。

・又想從印流出無量光明，照觸盡無餘，一切有情速證平等真如，願一切有情證得大菩提。

・空義，身密義，尊形義。

佛部真言

- 唵（皈命法報化三身）
- 怛他誐都（佛義）
- 納漢縛耶（生義）
- 娑婆訶（成就義，驚覺義）

即想佛部諸尊加持行者，速令獲得身業清淨，罪障消滅，福慧增長。

蓮花部

- 蓮花部者，得佛果位之後說法自在也。
- 觀滿虛空界，觀自在菩薩與無量持蓮花者，願加持我。
- 從印流出無量光明，照觸六趣有情，滅根本藏識中雜染種子，獲得自他平等，無緣，大悲，四無礙解脫，頓應一切有情，以成佛道。
- 中義，口密義，種子義。

蓮花部真言

- 唵（皈命法報化三身）
- 跛娜謨（蓮花義）
- 納漢縛耶（生義）
- 娑婆訶（成就義，驚覺義）

即想觀自在菩薩及蓮花部聖眾加持行者，速令獲得語業清淨，言音威肅，令人樂聞無碍辯才說法自在。

金剛部義

・金剛部者，説法自在之故，令斷三劫妄執義。

・十八契印釋云：「既由加持身口故，得菩薩現前，以須加持意業，隨教令輪破邪入正，堅固不動也。」

・經云：「動相滅時名金剛定，體相平等名一切智智。」

・意密義，假義，三形義。

金剛部真言

- 唵（皈命法報化三身）
- 縛日嚕（金剛義）
- 納漢縛耶（生義）
- 娑婆訶（成就義，驚覺義）

即觀想金剛藏菩薩並金剛部聖衆加持行者，令獲得意業清淨，證菩提心三昧現前速得解脱。

披甲護身

• 披甲者，折伏降魔，成所作智。化用也。

• 結印當心，真言印身五處，各誦一遍，先印額，次印右肩，次印左肩，次印心及喉，是為五處。印身五處者，身中五處最為重處，是故加持也。

• 悉見行者光明被身，如是光明不壞不離，是故譬金剛之能拂魔禦魔，喻甲胄也。

• 即起大慈心遍一切有情，願皆證得世間出世間殊勝成就。

• 如是觀已即成被金剛甲，一切諸魔不敢障難。

• 持此真言者極熾盛火焰圍繞其身義也。

披甲護身真言

- 唵（皈命法報化三身）
- 縛日羅（金剛義）
- 儗爾（火義）
- 鉢羅捻跛跢耶（極威曜義）
- 娑婆訶（成就義，驚覺義）

即想得被如來大慈大悲甲冑，一切天魔及諸障者悉見行者威光熾盛猶如日輪，各起慈心不能障礙，及以惡人不能得便，煩惱業障身不染着，脱離諸惡趣苦疾，証無上正等菩提。

普禮真言

- 唵（皈命法報化三身）
- 薩拉縛（一切義）
- 怛他誐多（如來義）
- 漢那（足義）
- 滿娜曩（禮義）
- 迦嚕弭（我義）

「軍荼利軌」云：「普禮真言曰，由此密言加持故能令瑜伽者不起于座遍至十方，真實敬禮一切塵剎海會諸佛如來，次遍觀察遍虛空有無量無邊塵剎海會諸佛菩薩集會，降赴瑜伽者所。」

六字大明王真言

- 弘法大師云：「六字者非字數，是名字六也。六觀音利六趣，故有六名字。」
- 亦云：「六字者觀音之異名也。意云觀音有大悲等之六名字，故名觀音稱六字。」
- 如意輪六臂廣博體能遊於六道也。
- 大意者，一切眾生迷，自證之輪體。自他簡隔，故為濁惡不善之怨家，結嫉妬怨難之憶念。今諸佛最頂之金輪入一切如來大慈悲之六觀音三摩地，令住平等大悲實理。

六字大明王真言功德

• 「莊嚴寶王經」云：善男子所有微塵我不能數其數量，善男子若有念此六字明陀羅尼一遍，所獲功德而我不能數其數量。

• 又云：說此六字大明陀羅尼時，四大洲并諸天宮悉皆震搖，四大海水騰誦，一切眷屬，諸魔作障者悉皆怖散馳走。

• 又云：若有人書寫此六字大明陀羅尼，則同書寫八萬四千法藏而無有異。

• 又云：念此六字大明陀羅尼者，是人當得三摩地。

六字大明王真言

- 唵（歸命義，三身義）
- 摩尼（寶部）
- 鉢訥銘（蓮花部）
- 吽（金剛部－調伏義）

結界，解界

結界者：

- 有二種：一者次第，二者橫也。
- 初次第者，最初菩提心是因也，佛位是果也。當觀想自此因地至於彼果位，純一觀行淨菩提，更不起二乘外道心，是曰次第。
- 二橫者，即我一心法界中，毗盧遮那乃至四佛四波羅蜜十佛剎微塵數如來宛然而有，為煩惱雲霧所覆蔽，不得明了見。當觀想除去是雲霧，開顯本有莊嚴，更不起妄想無明等煩惱。

解界者：

- 有相無相橫豎之義。
- 有相即次弟豎義，利他義。
- 無相者即自證義，亦橫義也。

降三世明王去垢辟除護身結界

- 降三世明王印。
- 以明王印去垢令清淨及辟除並結界。
- 左三轉成辟除。
- 右三轉成結界。
- 次印心額喉頂，作四處加持，令去垢清淨義。
- 經云：「若有諸魔作障礙者，見此契已皆得自摧伏。」

拍掌

- 唵（皈命法報化三身義）
- 縛日羅（金剛杵義，金剛義）
- 多羅（執持義，手義，魔界義）
- 都使也（入平等義，成轉義）
- 斛（歡喜義）

拍掌者，即本尊來臨，奉辟除魔界意也。

亦作歡喜義。

又云即煩惱即菩提義也。

三度掌者。迴三惑轉成三德意也。

即除障驚覺歡喜義。

大金剛輪陀羅尼

- 「軍荼利軌意軌」云：誦密言時作觀念，盡虛空界遍法界三界，生死六趣有情，速得入金剛界大曼荼羅，等同金剛薩埵大菩薩也。
- 金剛界大曼荼羅者，眾生本具五智三十七智證入此故，云入曼荼羅也。
- 軌云：「以此契印密言殊勝方便，誦持作意，能除違犯，三昧耶如故，倍加光顯，能淨身口意，則成入一切曼荼羅，獲得灌頂三昧耶。」
- 誦此曼荼羅三七遍，即當入一切曼荼羅，所作皆成也。

大金剛輪陀羅尼

大金剛輪陀羅尼解釋

• 曩謨（歸命義）
• 悉地哩耶（三義）
• 地尾迦喃（世義）
• 怛他誐多喃（諸如來義）
• 暗（種子）
• 尾羅而（無垢義）尾羅而（極無垢義）
• 摩訶（大義）洒迦羅（輪義）
• 縛日哩（金剛義）
• 娑多娑多（常與義）
• 娑羅帝娑羅帝（堅固，極堅固義）
• 怛羅以怛羅以（救濟救濟義）

- 尾馱摩尼（息除義）
- 三半惹你（粉碎義）
- 怛羅摩地（三慧義）悉馱（成就義）
- 儗哩耶（最上義）怛覽（種字）
- 娑婆訶（圓滿義）

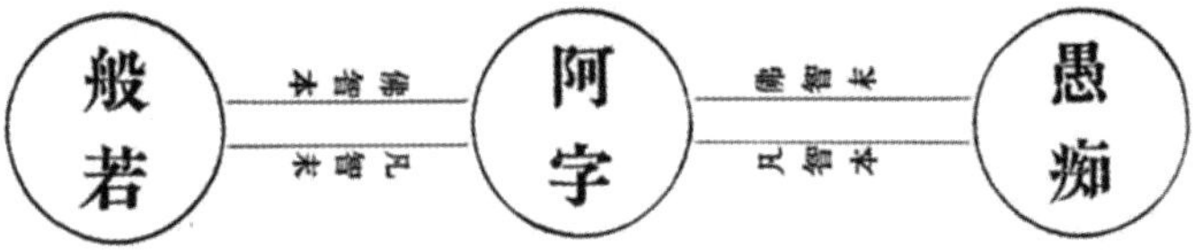

阿字觀與般若

- 愚痴者，非方便之假門不至佛智也。
- 阿字者，曰無，曰妙，曰真如，曰法性，曰自性，曰佛心，曰如來藏，曰本來面來。
- 般若者，智慧也。極盡而以至真空實有根元之阿字也。

凡愚入真理之道而建立一切諸經之方便，入真理愚與聖有本末之異也。

二種阿字観

金剛界

胎藏界

・經云：「胎藏以心觀蓮，金剛界以心觀月。有因中觀月，又或果中觀開蓮也。」

・蓮者，即八葉，亦云八識義。又云：「內心妙白蓮。」月者，為金剛界之果智光明月輪也。

・「菩提心論」云：「凡夫心如含蓮，佛心如月輪。」

月輪觀

・「日疏第四」云：「月喻菩提行。」

・「花嚴經」云：「菩提心者，由如盛月，諸白淨法，悉圓滿故。」

・「菩提心義」四云：「自性清淨心，以三義故，猶如於月。一者自性清淨義。二者清涼義。三者光明義。」

• 「悟光上師」譯「密教思想與生活」云：「月輪觀者，即以月輪象徵皎潔明朗之心性，以此為觀想思念之對象的觀法。」

• 經云：「胎藏以心觀蓮，金界以心觀月。」

• 蓮者，即八葉，亦云八識義。中臺者即第九識，即體性是也。

• 月者，為金界之果智清淨月輪也。

• 「菩提心論」云：「凡夫心如含蓮，佛心如月輪。」

• 有因中觀月，又或果中觀開蓮也。

阿字観

- 菩提心論云：「八葉白蓮一肘間，炳現阿字素光色，禪智俱入金剛縛，召入如來寂靜智。」

- 經云：「心月輪者即是第八識也。此中諸染污，諸種子本自有之。故於月輪上所觀阿字等諸字，即是第八識中所出現也。非自他所現耳。」

- 又云：「內心妙白蓮。」即白是自性色也，亦菩提心自性清淨故。

- 凡觀月輪，觀種子等，唯繫念，易成就，尤佳矣。又云，不可偏執也。

•「悟光上師」譯「密教思想與生活」云：「於月輪中再書一阿字，以作本尊觀想。此阿字是取不生之意義的梵音之首位字母而來的，以此表示不生不滅之諸法實相的全一真我之當體。」

字輪觀法

循環法

1. 觀想真言從本尊之御口出
2. 從行者頂入至心月輪
3. 真言迴旋從行者口出
4. 次從本尊之臍入至心月輪
5. 真言迴旋至本尊之御口

字輪觀法

𑖀字諸法本不生不可得故

𑖪字言說不可得

𑖪字言說不可得故

𑖨字塵垢不可得

𑖨字塵垢不可得故

𑖎字因業不可得

𑖎字因業不可得故

𑖏字等空不可得

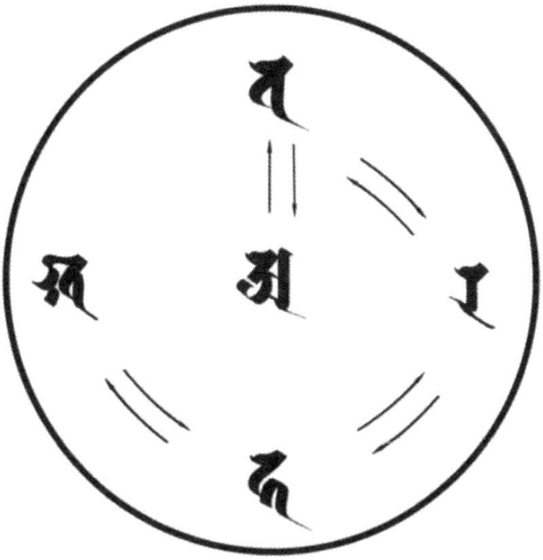

光明真言

•「不空羂索神變真言經」第二十八卷，並不空三藏別譯之「不空羂索毘盧遮那佛大灌頂光真言」及其譯之在世流傳之「光明真言儀軌」為基而以滅罪、除病，亡者得脱等為之所修之秘法。

•此法者自性德法界，六大理體之發照了智用照各自體，破眾生迷闇，生長萬物。即大日自性除闇遍明，光無生滅，能成眾務德也。

•義云：「胎藏大日，此法為本尊。」

•即入胎大日如燈炎釋也，弘法大師説身心互為能住所住也，亦為護摩火光是也。

- 儀軌云：「此祕密真言即萬億無數諸佛如來心中祕密心咒也。此大毘盧遮那如來無量壽如來兩如來心中咒，三世三劫一切諸佛如來由誦此真言咒力速得成直覺。」
- 又云：「此神咒是百億無數諸佛如來母，百億無數菩薩聖眾母，此大神咒，此大明咒，此無上咒，此無等等咒，依此名光明真言。」

光明真言種子字

- 𑖀𑖾胎大日百光遍照故，亦各具五智義也，入胎如燈炎。
- 即百光遍照王大日也，手足十指，各具五色光，百光字流轉生死義為字相，以之為光明，故是眾生本有光明也。
- 𑖀𑖾五輪俱有五色光明義，以之為正。

光明真言之功德

‧經云：「為亡者修之，離苦得樂所能觀彼亡者，被觸此五智光明，即拔苦與樂頓證得菩提。次六道眾生皆悉離苦得脫可觀之也。」

‧不空別譯儀軌云：「若有眾生隨所能聞得此光明真言，二、三、七遍、觸及耳根，即得除滅一切罪障」。

‧其光明真言者果有如何的妙義者，此無論在於密教之真言即以其一字一句之象徵意義通之以得入神秘一如之無限不可得境地而組織的。

光明真言本尊咒

- 「大日經三」云：「降伏四魔解脱六趣，滿足一切智智。」
- 義云：「胎藏大日，此法為本尊。」
- 「疏十二」云：「以此五字為庫，能滿一切願也。」
- 「祕藏記」云：「毘盧遮那經以五字真言為宗。」
- 「十住心論」云：「歸命婀尾羅吽欠，最極大祕法界體。」
- 又云：「我即婀尾羅吽欠，我即毘盧遮那身故。」

光明真言解釋

- 唵（皈命法報化三身）
- 阿目伽（不空義，真實不虛）
- 毘盧遮那（佛部，遍照）
- 摩訶（大）母怛羅（金剛部，印）
- 摩尼（寶部，寶珠－智慧）
- 鉢度摩（蓮花部，蓮花－慈悲）

‧‧‧

入嚩羅（光明）

鉢羅縛里多耶（羯磨部，自在）

吽（真言總體，一切法無因義，即菩提心之聖語。復云法無因者，諸法無因，依勝義諦果亦無得，無因果故本來清淨）

迴向

迴向

所修功德
迴向三寶願海
迴向三界天人
迴向一切神等
迴向諸聖靈等
迴向國運昌隆
迴向宅內平安
迴向護持弟子悉地圓滿
迴向自他法界
迴向平等利益
迴施法界
迴向大菩提

• 迴向者，是迴眾善，向大菩提，即正覺圓滿無窮義。謂眾生無善我以善施，施衆生巳，正迴向菩提也。

• 所謂三寶願海者，即身密佛寶也，語密法寶也，意密僧寶也。

• 三界天人者，三界即身、口、意義。天人者，即心佛衆生也。

• 一切神等者，即天神地神乃至國中大小諸神土木等也。

• 諸聖靈等者，即精心衆生，悉多干栗馱等心，行者意密，故迴向也。

• 國運倡隆宅內平安者，所住國土草木土石，即我身密也。

• 乃至迴施法界者，即真如法界，還同本覺義也。

迴向方便

迴向方便

懺悔隨喜勸請福
願我不失菩提心
諸佛菩薩妙衆中
常為善友不厭捨
離於八難生無難
宿命住智莊嚴身
遠離愚迷具悲智
悉能滿足般羅蜜
富樂豐饒生勝族
眷屬廣多恒熾盛

四無礙辯十自在
六通諸禪悉圓滿
如金剛幢及普賢
願讚迴向亦如是
歸命頂禮大悲毘盧遮那佛

- 迴向方便者，即奉請法身令住身後我成佛，法身修顯，函蓋相應後，迴向願發也。
- 不思議疏云，本覺般若外無散，以無外散故云迴向。
- 懺悔破三業遮性等罪，隨喜破嫉妬罪，勸請破謗法罪，以此等福願，不退失大菩提心，常在諸佛菩薩中，為其善友都不厭捨。

• 八難者，一生佛前佛後難，二生地獄難，三生傍生難，四生餓鬼難，五生北州難，六生長壽天難，七世智辨聰難，八諸根不具難。

• 宿命住智者，即宿住智明也。相與隨好莊嚴其身故云莊嚴身。

• 離愚迷者，即斷無明故。悲智者，即如來大悲之智也。

• 到五種彼岸故云波羅蜜。

• 富樂豐饒者，即萬德圓滿義。常生佛家故云生勝族。諸聖為佛故云眷屬多。

• 四無礙辯者，一法，二義，三詞，四辯也。十自在者，即一事，二心，三莊嚴，四業，五生，六解脱，七欲，八神力，九法，十智。

• 六通者，一天眼，二天耳，三宿命，四他心，五漏盡，六神境。諸禪者，謂八禪定。

• 金剛幢者，即舉大悲門菩薩，下化眾生之義。普賢者，即舉菩提門菩薩，顯上求菩提之義。

附錄一

悟光大阿闍梨略傳

悟光大阿闍梨略傳

悟光上師又號全妙大師，俗姓鄭，台灣省高雄縣人，生於一九一八年十二月五日。生有異稟：臍帶纏頂如懸念珠；降誕不久即能促膝盤坐若入定狀，其與佛有緣，實慧根夙備者也。

師生於虔敬信仰之家庭。幼學時即聰慧過人，並精於美術工藝。及長，因學宮廟建築設計，繼而鑽研丹道經籍，飽覽道書經典數百卷；又習道家煉丹辟穀、養生靜坐之功。其後，遍歷各地，訪師問道，隨船遠至內地、南洋諸邦，行腳所次，雖習得仙宗秘術，然深覺不足以普化濟世，遂由道皈入佛門。

師初於一九五三年二月，剃度皈依，改習禪學，師力慕高遠，志切宏博，雖閱藏數載，遍訪禪師，尤以為未足。

其後專習藏密，閉關修持於大智山（高雄縣六龜鄉），持咒精進不已，澈悟金剛密教真言，感應良多，嘗感悟得飛蝶應集，瀰空蔽日。深體世事擾攘不安，災禍迭增無已，密教普化救世之時機將屆，遂發心廣宏佛法，以救度眾生。

師於閉關靜閱大正藏密教部之時，知有絕傳於中國（指唐武宗之滅佛）之真言宗，已流佈日本達千餘年，外人多不得傳。（因日人將之視若國寶珍秘，自詡歷來遭逢多次兵禍劫難，仍得屹立富強於世，端賴此法，故絕不輕傳外人）。期間台灣頗多高士欲赴日習法，國外亦有慕道趨求者，皆不得其門或未獲其奧而中輟。師愧感國人未能得道傳法利國福民，而使此久已垂絕之珍秘密法流落異域，殊覺歎惋，故發心親往日本求法，欲得其傳承血脈而歸，遂於一九七一年六月東渡扶桑，逕往真言宗總本山—高野山金剛峰寺。

此山自古即為女禁之地，直至明治維新時始行解禁，然該宗在日本尚屬貴族佛教，非該寺師傳弟子，概不經傳。故師上山求法多次，悉被拒於門外，然師誓願堅定，不得傳承，決不卻步，在此期間，備嘗艱苦，依然修持不輟，時現其琉璃身，受該寺目黑大師之讚賞，並由其協助，始得入寺作旁聽生，因師植基深厚，未幾即准為正式弟子，入於本山門主中院流五十三世傳法宣雄和尚門下。學法期間，修習極其嚴厲，嘗於零下二十度之酷寒，一日修持達十八小時之久。不出一年，修畢一切儀軌，得授「傳法大阿闍梨灌頂」，遂為五十四世傳法人。綜計歷世以來，得此灌頂之外國僧人者，唯師一人矣。

師於一九七二年回台後，遂廣弘佛法，於台南、高雄等地設立道場，傳法佈教，頗收勸善濟世，教化人心之功效。師初習丹道養生，繼修佛門大乘禪密與金剛藏密，今又融入真言東密精髓，益見其佛養之深奧，獨幟一方。一九七八年，因師弘法有功，由大本山金剛峰寺之薦，經日本國家宗教議員大會決議通過，加贈「大僧都」一職，時於台南市舉行布達式，參與人士有各界地方首長，教界耆老，弟子等百餘人，儀式莊嚴崇隆，大眾傳播均相報導。又於一九八三年，再加贈「小僧正」，並賜披紫色衣。

師之為人平易近人，端方可敬，弘法救度，不遺餘力，教法大有興盛之勢。為千秋萬世億兆同胞之福祉，暨匡正世道人心免於危亡之劫難，於高雄縣內門鄉永興村興建真言宗大本山根本道場，作為弘法基地及觀光聖地。師於開山期間，為弘法利生亦奔走各地，先後又於台北、香港二地分別設立了「光明王寺台北分院」、「光明王寺香港分院」。師自東瀛得法以來，重興密法、創設道場、設立規矩、著書立說、教育弟子等無不兼備。師之承法直系真言宗中院流五十四世傳法。著有《上帝的選舉》、《禪的講話》等廿多部作品行世。佛教真言宗失傳於中國一千餘年後，大法重返吾國，此功此德，師之力也。

附錄二

《一真法句淺說》

悟光上師《證道歌》

一真法句淺說

嗡乃曠劫獨稱尊，今大毘盧即我身，時窮三際壽無量，體合乾坤唯一人。文

嗡又作唵，音讀嗡，嗡即皈命句，即是皈依命根大日如來的法報化三身之意，法身是體，報身是相，化身是用，法身的體是無形之體性，報身之相是無形之相，即功能或云功德聚，化身即體性中之功德所顯現之現象，現象是體性功德所現，其源即是法界體性，這體性亦名如來德性，佛性，如來即理體，佛即精神，理體之德用即精神，精神即智，根本理智是一綜合體，有體必有用。現象萬物是法界體性所幻出，所以現象即實在。當相即道。宇宙萬象無一能越此，此法性自曠劫以來獨一無二的尊，實，故云曠劫

独稱焉。此体性的一中有六種不同的性質，有堅固性即地、地無非一味，其中還有無量無邊廣堅固性的原子，綜合其堅固性假名為地。是遍法界無所不至的，故云地大。其次廣於濕性的無量無邊德性名水大，廣於煖性的無量無邊德性名火大，廣於動性的無量無邊德性曰風大，廣於容納無礙性的曰空大，曰森羅万象，一草一木，無論動物植物礦物是全具足此六大。此六大之總和相涉無礙的德性遍滿法界，名摩訶毘盧遮那，即是好像日光遍照宇宙一樣，翻謂大日如來。吾們的身体精神都是祂幻化出來，故云六大毘盧即我身。這毘盧即是道，道即是創造万物的原理，當然万物即是道体。道体是無始無終之灵体，沒有時間空間之分界，是沒有過去現在未來，沒有東西南北，故云豎窮三陈的无量寿命者，因祂是整個宇宙為身，一切万物的新陳代謝為命，永遠在創造為祂的事業，祂是独单的不死人，祂以无量時空為身，沒有與第二者同居，是個绝对孤单的老人，故曰体合乾坤唯一人。

虛空法界我独步、森羅万象造化根、宇宙性命元灵祖、光被十方无故新。

祂在这无量无边的虛空中自由活动，我是祂的大我法身位，祂容有无量无边的六大体性，祂有无量无边的心王心所，祂有无量无边的万象種子，祂以蒔種，以各不同的种子與以滋潤，普照光明，使其現象所濃縮之種性與以展現成為不同的万物，用祂擁有的六大為其物体，用祂擁有的叡智精神（生其物）令各不同的万物自由生活，是祂的大慈大

悲之力、祂是万象的造化之根源，是宇宙性命的大元灵之
祖，万物生从何来？即从此来、死从何去？死即归於彼处
，祂的本身是光、万物依此光而有，但此光是窮三际的无
量寿光，这光常住而遍照十方，没有新舊的差别。凡夫因
执於時方，故有过去現在未来的三际、有東西南北上下的
十方观念、吾人若住於虚空中、即三际十方都没有了。物
质在新陳代謝中凡夫看来有新舊交替。这好像機械的水箱
依其循環、進入来為新，排出去為舊。根本其水都没有新
舊可言。依代謝而有時空、有時空而有壽命長短的观念，
人們因有人法之執、故不能窺其全体、故迷於現象而常沉
苦海無有出期。
、隐顯莫测神最妙、璇轉日月貫古今、貪瞋煩惱我密號、

生殺威權我自興。文

毘盧遮那法身如來的作業名羯磨力，祂從其所有的種子注而生命力，使其各類各各需要的成分發揮變成各具的德性呈現各其本誓的形体及色彩、味道，將其遺伝基因寓於種子之中，使其繁衍子孫，這源動力還是元靈祖所賜。故在一期一定的过程後而隱沒，種子由代替前代而再出現、這種推動力完全是大我灵体之羯磨力，凡夫看來的確太神奇了，太微妙了。不但造化万物、連太空中的日月星宿亦是祂的力量所支配而機轉不休息、祂這樣施與大慈悲心造宇宙万象沒有代價，真是父母心，吾們是祂的子孫，卻不能荷負祂的使命施與大慈悲心、迷途的衆生真是辜負祂老人家的本誓的大不孝之罪。祂的大慈悲心是大貪，衆生欲頁祂的本誓、祂会生氣、這是祂的大悲、但衆生還在不知不覺的行為中、如有怨嘆、祂都不理而致之；還是賜我們衆生好了地生活着、這是祂的大痴、這貪瞋痴是祂的心理祂本有的德性、本来具有的、是祂的密號。祂在創造中不斷地成就衆生的成熟。如菓子初生的時只有發育、不到成熟不能食、故未成熟的菓子是苦澁的、到了長大時必須使其成熟故应以殺氣才能成熟、有生就应有殺、加了殺氣之後成熟了、菓子就掉下来、以世间看来是死、故有生必有死、這種生殺的權柄是祂獨有、万物皆然、是祂自然兴起的、故云生殺威權我自兴。祂恐怕創造落空、不斷地动祂的腦筋使其創造不空成就、這些都是祂為衆生的煩惱這煩惱還是祂老人家的本誓云密號、本有功德也。

六道輪迴戲三昧，三界匯納在一心，魑魅魍魎邪精怪，妄為執著念生身。」文

大我佛性的創造中有動物植物礦物，動物有人類、禽獸、水族、蟲類等其有感情性欲之類，植物乃草木具有繁殖子孫之類、礦物即礦物之類。其中人類的各種機能組織特別靈敏，感情愛欲思考經驗特別發達、故為萬物之靈長、原始時代大概相安無事的、到了文明發達就創了禮教，有了禮教擬將教化使其返璞歸真、創了教條束縛其不致出規守其本分、卻成其反造成越規了、這禮教包括一切之法律、法律並非道之造化法律、故百密一漏之處在所難免、有的法律是保護帝王萬世千秋不被他人違背而設的，不一定對於人類自由思考有幫助，所以越嚴格越出規，所以古人

設私出有大偽、人類越文明越不守本份，欲望橫飛要衝出自由，自由是万物之特權之性，因此犯了法律就成犯罪，罪是法沒有自性的，看所犯之輕重論處，或罰款或勞役或坐牢，期間屆滿就無罪了。但犯了公約之法律或逃出法網不被發現，其人必会悔而自責，誓不復犯，那麼此人的心意識就有洗滌潛意識的某程度，此人必定還会死後再生為人，若不知仍悔但心中還常感苦煩、死後一定墮地獄，若犯罪畏罪而逃不敢面対現實，心中恐懼怕人發見，這种心意識死後会墮於畜生道。若人欲望熾盛欲火冲冠，死後必定墮入餓鬼道。若人作善意欲求福報死後会生於天道。人心是不定性的，所以在六道中出沒沒有了時，因為它是凡夫不悟真理才会感受苦境。苦樂感受是三界中事。若果修訂悟了道之本體，與道合一入我我入，成為乾坤一人的境界、向下觀此大道即是靈出發的現像。都是大我的三昧遊戲吧了。能感受所感受的三界都是心、不但三界、十界亦是心。故三界滙納在一心。魑魅魍魎邪精怪是山川木石等孕育天地之靈氣、然後變了動物之精液幻成、變了人之精液即能變為人形、變了猴之精液變猴、其他類推、這種怪物即是魔鬼、它不會因過失而懊悔、任意胡為、它的心是是一種執着意識，以其意而幻形、此名意成身。幻形有三條件、一是幽質、二是念朔材質、三是物質、比如說我們要畫圖、在紙上先想所畫之物、這是幽質、未動筆時紙上先有其形了。其次提起鉛筆繪個形記稿、此即念朔材質、次取來彩色塗上、就變成立體之相、就可亂真了。

喑啞聾殘廢疾、病魔纏縛自迷因，心生覺了生是佛，心佛未覺佛是生。文

人們自出生時或出生了後，罹了喑啞、或眼盲、或耳聾或殘廢疾病、都由前生所作的心識有關、過去世做了令人憤怒而被打了咽喉、或眼目、或殘廢，或致了病入膏肓而死、自己還不能懺悔、心中常存怨恨、這種潛意識帶來輪生，其遺伝基因被其破壞，或在胎內或出生後会現其相。前生若能以般若來觀照五蘊皆空、即可洗滌前愆甚至解縛迴道、眾生因迷於宇宙真理、執着人法故也。人們的造惡業亦是心、心生執着而不自覺即迷沉苦海、若果了悟此心本來是佛性、心生迷境而能自覺了、心即回歸本來面目，那個時候迷的眾生就是佛了。這心就是佛、因眾生迷而

不覺故佛亦度衆生，是迷悟之一念間，人們在該生心之起念間要反觀自照以免隨波着流。

罪福本空無自性、原来性空無所憑、我這一覺超生死、慧光朗照病除根"文

罪是違背公約的代價、福是善行的人間代價、這都是人我之間的現象界之法、在佛性之中都沒有此物、六道輪迴之中的諸心所法是人生舞台的法、人們只迷於舞台之法、未透視演戲之人、戲是假的演員是真的、任你演什麼好惡角色、對於演員本身是毫不相關的、現像無論怎麼演變、其本來佛性是如如不動的、所以世間之罪福無自性、原来其性本空、沒有什麼法可憑依。戲劇中之盛衰生死貧富根本有佛性的演員都沒有一回事，法華經中的譬喻品有長者

子的寓意故事，有位長者之子本來是無量財富，因出去玩耍被其他的孩子帶走，以致迷失不知回家，成為流浪兒，到了長大還不知其家，亦不認得其父母，父母還是思念，但迷兒流浪了終於受傭於其家為奴，双方都不知是父子關係，有一天來了一位和尚，是有神通的大德，對其父子說你們原來是父子，那個時候當場互為相認，即時回復父子關係，子就可以繼承父親的財產了。未知之前其子還是貧窮的，了知之後就成富家兒了。故喻迷沉生死苦海的衆生若能被了悟的大德指導，一覺大我之道就超生死迷境了。了生死是了解生死之法本來迷境，迷了悟就是智慧，智慧之光朗照，即業力的幻化迷境就消失，病魔之根就根除了。

阿字門中本不生、吽開不二絕思陳、五蘊非真業非有、

能所俱泯雙亡處」文

阿字門即是涅槃體、是不生不滅的佛性本體、了知諸法自性本空沒有實體，衆生迷於人法，金剛般若經中說的四相、我相、人相、衆生相、壽者相，凡夫迷着以為實有，四相完全是戲論、佛陀教吾們要反觀內照，了知現象即實在，要將現象融入真理、我與道同在、我與法身佛入我我入成為不二的境界，這不二的境界是絕了思考的起沒，滅了言語念頭、靈明獨耀之境界，所有的五蘊是假的，這五蘊堅固就是世間所云之靈魂，有這靈魂就要輪迴六趣了。有五蘊就有能思與所思的主客關係，受識心所諸法而執着、能所主客斷了，心如虛空、心如虛空故與道合一，即時回歸不生不滅的阿字門，不然的話，迷着於色聲香味觸之法而認為真，故生起貪愛、瞋恚、愚痴等惡蓋佛性，起了生死苦樂感受。諸法是戲論，佛性不是戲論，佛陀教我們不可認賊為父。

了知三世一切佛、應觀法界性一真，一念不生三三昧、我法二空佛印心。文

應該知道三世一切的覺者是怎樣成佛的，要了知一個端的應觀這法界森羅萬象是一真實的涅槃性所現，這是過去佛現在佛未來佛出間所修觀的方法，一念生萬法現，一念若不生就是包括了無我、無相、無願三種三昧，這種三昧是心空，不是無知覺，是視之不見、聽之不聞的靈覺境界此乃一真法性當體之狀態，我執法執俱空即是入我我入，佛心印我心、我心即佛心。達到這境界即入禪定，禪是佛

定是心不起，二即一，眾生即佛。釋迦拈花迦葉微笑印此端的。因為迦葉等五百羅漢，均是不發大心的外道思想意識潛在，故開了方便手指畢波羅花顫動，大眾均不知用意，但都啞然一念不生注視著，這端的當作印佛性本來面目，可惜錯過機會，只有迦葉微笑表示領悟，自此別開一門的無字法門禪宗，見性了緣不能發大心都是獨善其身的自了漢。

菩薩金剛眷屬，三緣無緣起悲心，天龍八部隨心所、神通變化攝鬼神。

羅漢在高山打蓋睡，菩薩落荒草，佛在世間不離世間覺，羅漢入定不管世事眾生死如在高山睡覺，定力到極限的時候就醒來，一念起了念頭，就墮下來了。菩薩是了悟眾生本質即佛德，已知迷是苦海，覺悟即極樂，菩薩已徹底了悟了，它就不怕生死，煩惱因生，拯救沉沒海中的眾生，如人已知水性了，入於水中會游泳，菩薩要成游泳池，眾生是不知水性故會沉溺，菩薩入於眾生群中，猶如一支好花入於蔓草之中，鶴立雞群，一支獨秀。佛出世間，眾生世間、器世間，都是法界佛性所現，出世間覺悟道理了，就是佛，所以佛在世間莫離世間。佛是世間眾生的覺悟者菩薩為度眾生而開方便法門，但有頑固的眾生不受教訓，菩薩就起了忿怒相責罰，這就是金剛，這是大慈大悲的佛心所流露之心所，其體即佛，心王心所是佛之眷屬，這種大慈大悲的教化眾生之心所，是沒有能度所度及功勞的心無住生心，歸納起來菩薩金剛都是大悲毘盧遮那之心。

此心印佛心，要度天或鬼神就变化同其趣。如天要降雨露均諸法界衆生就变天龍，要守護法界衆生就变八部神将，都是大日如来心所所流出的。祂的神通变化是莫測的，不但能度的菩薩金剛、連鬼神之類都是毘盧遮那普門之一德、普門之多的総和即総持，入了総持即普門之德具備、這総持即是心。

無限色声觸覺相、文賢加持無之身，融我法句認識理、一轉彈指立歸真空

心是宇宙心，心包太虚，太虚之中有無量基因德性，無量基因法性即普門、色即現前之法、声即法相之語、語即道之本体、有其声必有其物、有其物即有其色相、無限的基因德性、顯現無限不同法相、能認識之本体即佛性智德

、顯現法相之理即理德、智法曰文殊、理德曰普賢，法界之森羅万象即此理智冥加之德，無量無邊之理德及無量無邊之智德、無論一草一木都是此妙諦至之冥加的總和，亦是基因德性之不同，顯現之物或法都是各各之完成其任務之相。若不如是万物即呈現法一色、一味、一相，都沒有各各之使命標幟了。這無限無量的基因德性曰功德，這功德都藏於一心之如來藏中、凡夫不知故認後天收入的塵法為真，將真而假合靈，識為阿賴耶識、有此說迷三界苦海了。人們若果醒了這道理而覺悟，即不起于座之地成佛了。

附錄：《一真法句淺説》——悟光上師《證道歌》

【全文】

嗡乃曠劫獨稱真，六大毘盧即我身，時窮三際壽無量，體合乾坤唯一人。

虛空法界我獨步，森羅萬象造化根，宇宙性命元靈祖，光被十方無故新。

隱顯莫測神最妙，璇轉日月貫古今，貪瞋煩惱我密號，生殺威權我自興。

六道輪回戲三昧，三界匯納在一心，魑魅魍魎邪精怪，妄為執著意生身。

喑啞蒙聾殘廢疾，病魔纏縛自迷因，心生覺了生是佛，心佛未覺佛是生。

罪福本空無自性，原來性空無所憑，我道一覺超生死，慧光朗照病除根。

阿字門中本不生，吽開不二絕思陳，五蘊非真業非有，能所俱泯斷主賓。

了知三世一切佛，應觀法界性一真，一念不生三三昧，我法二空佛印心。

菩薩金剛我眷屬，三緣無住起悲心，天龍八部隨心所，神通變化攝鬼神。

無限色聲我實相，文賢加持重重身，聽我法句認諦理，一轉彈指立歸真。

【釋義】

嗡乃曠劫獨稱真，六大毘盧即我身，時窮三際壽無量，體合乾坤唯一人。

嗡又作唵，音讀嗡，嗡即皈命句，即是皈依命根大日如來的法報化三身之意，法身是體，報身是相，化身是用，法身的體是無形之體性，報身之相是無形之相，即功能或云功德聚，化身即體性中之功德所顯現之現象，現象是體性功德所現，其源即是法界體性，這體性亦名如來德性、佛性，如來即理體，佛即精神，理體之德用即精神，精神即智，根本理智是一綜合體，有體必有用。現象萬物是法界體性所幻出，所以現象即實在，當相即道。宇宙萬象無一能越此，此法性自曠劫以來獨一無二的真實，故云曠劫獨稱真。此體性的一中有六種不同的性質，有堅固性即地，地並非一味，其中還有無量無邊屬堅固性的原子，綜合其堅固性假名為地，是遍法界無所不至的，故云地大。其次屬於濕性的無量無邊德性名水大，屬於煖性的無量無邊德性名火大，屬於動性的無量無邊德性曰風大，屬於容納無礙性的曰空大。森羅萬象，一草一木，無論動物植物礦物完全具足此六大。此六大之總和相涉無礙的德性遍滿法界，名摩訶毘盧遮那，即是好像日光遍照宇宙一樣，翻謂大日如來。吾們的身體精神都是祂幻化出來，故云六大毘盧即我身，這毘盧即是道，道即是創造萬物的原理，當然萬物即是道體。道體是無始無終之靈體，沒有時間空間之分界，是沒有過去現在未來，沒有東西南北，故云時窮三際的無量壽命者，因祂是整個宇宙為身，一切萬物的新陳代謝為命，永遠在創造為祂的事業，祂是孤單的不死人，祂以無量時空為身，沒有與第二者同居，是個絕對孤單的老人，故曰體合乾坤唯一人。

虛空法界我獨步，森羅萬象造化根，宇宙性命元靈祖，光被十方無故新。

祂在這無量無邊的虛空中自由活動，我是祂的大我法身位，祂容有無量無邊的六大體性，祂有無量無邊的心王心所，祂有無量無邊的萬象種子，祂以蒔種，以各不同的種子與以滋潤，普照光明，使其現象所濃縮之種性與以展現成為不同的萬物，用祂擁有的六大為其物體，用祂擁有的睿智精神（生其物）令各不同的萬物自由生活，是祂的大慈大悲之力，祂是萬象的造化之根源，是宇宙性命的大元靈之祖，萬物生從何來？即從此來，死從何去？死即歸於彼處，祂的本身是光，萬物依此光而有，但此光是窮三際的無量壽光，這光常住而遍照十方，沒有新舊的差別。凡夫因執於時方，故有過去現在未來的三際，有東西南北上下的十方觀念，吾人若住於虛空中，即三際十方都沒有了。物質在新陳代謝中凡夫看來有新舊交替，這好像機械的水箱依其循環，進入來為新，排出去為舊，根本其水都沒有新舊可言。依代謝而有時空，有時空而有壽命長短的觀念，人們因有人法之執，故不能窺其全體，故迷於現象而常沉苦海無有出期。

隱顯莫測神最妙，璇轉日月貫古今，貪瞋煩惱我密號，生殺威權我自興。

毘盧遮那法身如來的作業名羯磨力，祂從其所有的種子注予生命力，使其各類各各需要的成分發揮變成各具的德性呈現各其本誓的形體及色彩、味道，將其遺傳基因寓於種子之中，使其繁衍子孫，這源動力還是元靈祖所賜。故在一期一定的過程後而隱沒，種子由代替前代而再出現，這種推動力完全是大我靈體之羯磨力，凡夫看來的確太神奇了、太微妙了。不但造化萬物，連太空中的日月星宿亦是祂的力量所支配而璿轉不休息，祂這樣施與大慈悲心造宇宙萬象沒有代價，真是父母心，吾們是祂的子孫，卻不能荷負祂的使命施與大慈悲心，迷途的眾生真是辜負祂老人家的本誓的大不孝之罪。祂的大慈悲心是大貪，眾生負祂的本誓，祂會生氣，這是祂的大瞋，但眾生還在不知不覺的行為中，如有怨嘆，祂都不理而致之，還是賜我們眾生好好地生活著，這是祂的大癡，這貪瞋癡是祂的心理、祂本有的德性，本來具有的、是祂的密號。祂在創造中不斷地成就眾生的成熟。如菓子初生的時只有發育，不到成熟不能食，故未成熟的菓子是苦澀的，到了長大時必須使其成熟故應與以殺氣才能成熟，有生就應有殺，加了殺氣之後成熟了，菓子就掉下來，以世間看來是死，故有生必有死，這種生殺的權柄是祂獨有，萬物皆然，是祂自然興起的，故云生殺威權我自興。祂恐怕其創造落空，不斷地動祂的腦筋使其創造不空成就，這些都是祂為眾生的煩惱。這煩惱還是祂老人家的本誓云密號，本有功德也。

六道輪回戲三昧，三界匯納在一心，魑魅魍魎邪精怪，妄為執著意生身。

大我體性的創造中有動物植物礦物，動物有人類，禽獸，水族，蟲類等具有感情性欲之類，植物乃草木具有繁衍子孫之類，礦物即礦物之類。其中人類的各種機能組織特別靈敏，感情愛欲思考經驗特別發達，故為萬物之靈長，原始時代大概相安無事的，到了文明發達就創了禮教，有了禮教擬將教化使其反璞歸真，創了教條束縛其不致出規守其本分，卻反造成越規了，這禮教包括一切之法律，法律並非道之造化法律，故百密一漏之處在所難免，有的法律是保護帝王萬世千秋不被他人違背而設的，不一定對於人類自由思考有幫助，所以越嚴格越出規，所以古人設禮出有大偽，人類越文明越不守本分，欲望橫飛要衝出自由，自由是萬物之特權之性，因此犯了法律就成犯罪。罪是法沒有自性的，看所犯之輕重論處，或罰款或勞役或坐牢，期間屆滿就無罪了。但犯了公約之法律或逃出法網不被發現，其人必會悔而自責，誓不復犯，那麼此人的心意識就有洗滌潛意識的某程度，此人必定還會死後再生為人，若不知懺悔但心中還常感苦煩，死後一定墮地獄，若犯罪畏罪而逃不敢面對現實，心中恐懼怕人發現，這種心意識死後會墮於畜生道。若人欲望熾盛欲火衝冠，死後必定墮入餓鬼道。若人作善意欲求福報死後會生於天道，人心是不定性的，所以在六道中出歿沒有了時，因為它是凡夫不悟真理才會感受苦境。苦樂感受是三界中事，若果修行悟了道之本體，與道合一入我我入，成為乾坤一人的境界，向下觀此大道即是虛出歿的現象，都是大我的三昧遊戲罷了，能感受所感受的三界都是心，不但三界，十界亦是心，故三界匯納在一心。魑魅魍魎邪精怪是山川木石等孕育天地之靈氣，然後受了動物之精液幻成，受了人之精液即能變為人形，受了猴之精液變猴，其他類推，這種怪物即是魔鬼，它不會因過失而懺悔，任意胡為，它的心是一種執著意識，以其意而幻形，此名意成身，幻形有三條件，一是幽質，二是念朔材質，三是物質，比如說我們要畫圖，在紙上先想所畫之物，這是幽質，未動筆時紙上先有其形了，其次提起鉛筆繪個形起稿，此即念朔材質，次取來彩色塗上，就變成立體之相，幾可亂真了。

喑啞蒙聾殘廢疾，病魔纏縛自迷因，心生覺了生是佛，心佛未覺佛是生。

人們自出生時或出生了後，罹了喑啞、或眼盲、或耳聾或殘廢疾病，都與前生所作的心識有關，過去世做了令人憤怒而被打了咽喉、或眼目、或殘廢、或致了病入膏肓而死，自己還不能懺悔，心中常存怨恨，這種潛意識帶來轉生，其遺傳基因被其破壞，或在胎內或出生後會現其相。前生若能以般若來觀照五蘊皆空，即可洗滌前愆甚至解縛證道，眾生因不解宇宙真理，執著人法故此也。人們的造惡業亦是心，心生執著而不自覺即迷沉苦海，若果了悟此心本來是佛性，心生迷境而能自覺了，心即回歸本來面目，那個時候迷的眾生就是佛了。這心就是佛，因眾生迷而不覺故佛亦變眾生，是迷悟之一念間，人們應該在心之起念間要反觀自照以免隨波著流。

罪福本空無自性，原來性空無所憑，我道一覺超生死，慧光朗照病除根。

罪是違背公約的代價，福是善行的人間代價，這都是人我之間的現象界之法，在佛性之中都沒有此物，六道輪迴之中的諸心所法是人生舞台的法，人們只迷於舞台之法，未透視演戲之人，戲是假的演員是真的，任你演什麼奸忠角色，對於演員本身是毫不相關的，現象無論怎麼演變，其本來佛性是如如不動的，所以世間之罪福無自性，原來其性本空，沒有什麼法可憑依。戲劇中之盛衰生死貧富根本與佛性的演員都沒有一回事。《法華經》中的〈譬喻品〉有長者子的寓意故事，有位長者之子本來是無量財富，因出去玩要被其他的孩子帶走，以致迷失不知回家，成為流浪兒，到了長大還不知其家，亦不認得其父母，父母還是思念，但迷兒流浪了終於受傭於其家為奴，雙方都不知是父子關係，有一天來了一位和尚，是有神通的大德，對其父子說你們原來是父子，那個時候當場互為相認，即時回復父子關係，子就可以繼承父親的財產了。未知之前其子還是貧窮的，了知之後就成富家兒了，故喻迷沉生死苦海的眾生若能被了悟的大德指導，一覺大我之道就超生死迷境了。了生死是瞭解生死之法本來迷境，這了悟就是智慧，智慧之光朗照，即業力的幻化迷境就消失，病魔之根就根除了。

阿字門中本不生，吽開不二絕思陳，五蘊非真業非有，能所俱泯斷主賓。

阿字門即是涅盤體，是不生不滅的佛性本體，了知諸法自性本空沒有實體，眾生迷於人法，《金剛般若經》中說的四相，我相、人相、眾生相、壽者相，凡夫迷著以為實有，四相完全是戲論，佛陀教吾們要反觀內照，了知現象即實在，要將現象融入真理，我與道同在，我與法身佛入我我入成為不二的境界，這不二的境界是絕了思考的起沒，滅了言語念頭，靈明獨耀之境界，所有的五蘊是假的，這五蘊堅固就是世間所云之靈魂，有這靈魂就要輪迴六趣了，有五蘊就有能思與所思的主賓關係，變成心所諸法而執著，能所主賓斷了，心如虛空，心如虛空故與道合一，即時回歸不生不滅的阿字門。不然的話，迷著於色聲香味觸之法而認為真，故生起貪愛、瞋恚、愚癡等眾蓋佛性，起了生死苦樂感受。諸法是戲論，佛性不是戲論，佛陀教吾們不可認賊為父。

了知三世一切佛，應觀法界性一真，一念不生三三昧，我法二空佛印心。

應該知道三世一切的覺者是怎樣成佛的。要了知一個端的應觀這法界森羅萬象是一真實的涅盤性所現，這是過去佛現在佛未來佛共同所修觀的方法，一念生萬法現，一念若不生就是包括了無我、無相、無願三種三昧，這種三昧是心空，不是無知覺，是視之不見、聽之不聞的靈覺境界，此乃一真法性當體之狀態，我執法執俱空即是入我我入，佛心即我心，我心即佛心，達到這境界即入禪定，禪是體，定是心不起，二而一，眾生成佛。釋迦拈花迦葉微笑即此端的，因為迦葉等五百羅漢，均是不發大心的外道思想意識潛在，故開了方便手拈畢波羅花輾動，大眾均不知用意，但都啞然一念不生注視著，這端的當體即佛性本來面目，可惜錯過機會，只有迦葉微笑表示領悟，自此別開一門的無字法門禪宗，見了性後不能發大心都是獨善其身的自了漢。

菩薩金剛我眷屬，三緣無住起悲心，天龍八部隨心所，神通變化攝鬼神。

羅漢在高山打蓋睡，菩薩落荒草，佛在世間不離世間覺，羅漢入定不管世事眾生宛如在高山睡覺，定力到極限的時候就醒來，會起了念頭，就墮下來了，菩薩是了悟眾生本質即佛德，已知迷是苦海，覺悟即極樂，菩薩已徹底了悟了，它就不怕生死，留惑潤生，拯救沉沒海中的眾生，如人已知水性了，入於水中會游泳，苦海變成泳池，眾生是不知水性故會沉溺，菩薩入於眾生群中，猶如一支好花入於蔓草之中，鶴立雞群，一支獨秀。佛世間、眾生世間、器世間，都是法界體性所現，在世間覺悟道理了，就是佛，所以佛在世間並無離開世間。佛是世間眾生的覺悟者，菩薩為度眾生而開方便法門，但有頑固的眾生不受教訓，菩薩就起了忿怒相責罰，這就是金剛，這是大慈大悲的佛心所流露之心所，其體即佛，心王心所是佛之眷屬，這種大慈大悲的教化眾生之心所，是沒有能度所度及功勞的心，無住生心，歸納起來菩薩金剛都是大悲毘盧遮那之心。此心即佛心，要度天或鬼神就變化同其趣。如天要降雨露均沾法界眾生就變天龍，要守護法界眾生就變八部神將，都是大日如來心所所流出的。祂的神通變化是莫測的，不但能度的菩薩金剛，連鬼神之類亦是毘盧遮那普門之一德，普門之多的總和即總持，入了總持即普門之德具備，這總持即是心。

無限色聲我實相，文賢加持重重身，聽我法句認諦理，一轉彈指立歸真。

心是宇宙心，心包太虛，太虛之中有無量基因德性，無量基因德性即普門，色即現前之法，聲即法相之語，語即道之本體，有其聲必有其物，有其物即有其色相，無限的基因德性，顯現無限不同法相，能認識之本體即佛性智德，顯現法相之理即理德，智德曰文殊，理德曰普賢，法界之森羅萬象即此理智冥加之德，無量無邊之理德及無量無邊之智德，無論一草一木都是此妙諦重重冥加的總和，只是基因德性之不同，顯現之物或法都是各各完成其任務之相。若不如是萬物即呈現清一色、一味、一相，都沒有各各之使命標幟了。這無限無量的基因德性曰功德，這功德都藏於一心之如來藏中，凡夫不知故認後天收入的塵法為真，將真與假合璧，成為阿賴耶識，自此沉迷三界苦海了，人們若果聽了這道理而覺悟，即不起於座立地成佛了。

——完——

智理文化系列

梵字・悉曇（應用篇）

作者
張少強（玄蒔）

編輯
光明王密教學會

封面設計
陳漢全（玄朔）

美術統籌
莫道文

美術設計
曾慶文

出版者
資本文化有限公司
地址：香港中環康樂廣場1號怡和大廈24樓2418室
電話：(852) 2850 7799
電郵：info@capital-culture.com
網址：www.capital-culture.com

鳴謝
宏天印刷有限公司
地址：香港柴灣利眾街40號富誠工業大廈A座15字樓A1, A2室
電話：(852) 2657 5266

出版日期
二〇二一年七月第一次印刷

ISBN 978-988-79157-7-5
Published in Hong Kong